GÜTERSLOHER TASCHENBÜCHER

GTB 659

Martin Schuck

Geboren 1961, Dr. theol.,
evangelischer Theologe und
Publizist, ist wissenschaftlicher
Referent am Konfessionskund-
lichen Institut in Bensheim und
lebt in Speyer.

Martin Schuck

Evangelisch –
Katholisch

BASIS
WISSEN

Gütersloher Verlagshaus

Originalausgabe

Die Deutsche Bibliothek – CIP-Einheitsaufnahme

Schuck, Martin:
Evangelisch – Katholisch : Basiswissen / Martin Schuck. – Orig.-Ausg. –
Gütersloh: Gütersloher Verl.-Haus, 2001
(Gütersloher Taschenbücher ; 659 : Basiswissen)
ISBN 3-579-00659-2

ISBN 3-579-00659-2
© Gütersloher Verlagshaus, Gütersloh 2001

Umschlaggestaltung: Init GmbH, Bielefeld
Satz: Fotosetzerei Steggemann, Herford
Druck und Bindung: Těšínská Tiskárna AG, Český Těšín
Gedruckt auf chlorfrei gebleichtem Werkdruckpapier

Printed in Czech Republic

Besuchen Sie uns im Internet: http://www.gtvh.de

Inhalt

Vorwort   7

Evangelische und katholische Kirchen in Deutschland

Inhalte des evangelischen Glaubens

Der eine Glaube und die vielen evangelischen Kirchen   14

Die Gestalt der Kirche   19

    Das Pfarramt   19

    Kirchenvorstände   23

    Synoden   26

    Kirchenleitungen   29

    Kirchliche Zusammenschlüsse   31

Das Leben in der Kirche   33

    Der Gottesdienst   33

    Die beiden Sakramente   38

    Evangelische Gemeinschaften und Vereine   43

Die evangelische Ethik   46

Inhalte des katholischen Glaubens

Der Glaube in der Kirche   54

Die Gestalt der Kirche   59

    Papst und Konzil   59

    Bischöfe   63

    Priester und Diakone   66

Mönchtum und Orden   69

Laien und Laienorganisationen   73

Das Leben in der Kirche   76

Der Gottesdienst   76

Die sieben Sakramente   81

Heiligenverehrung   85

Marienverehrung   87

Wallfahrten   88

Die katholische Ethik   89

Weiterführende Literatur   95

Die beiden großen christlichen Kirchen erweisen sich – trotz eines geringen Mitgliederrückgangs – als stabile und einflussreiche Institutionen in der bundesdeutschen Gesellschaft. Auch weltweit sind sowohl die evangelische als auch die katholische Kirche eher im Wachstum als im Schrumpfen begriffen. Dennoch schwindet nicht nur in der medialen Öffentlichkeit, sondern sogar bei vielen Mitgliedern beider Kirchen das Wissen um die Unterschiede zwischen den Konfessionen. Und mehr noch: Nicht nur das, was die Kirchen voneinander trennt, ist kaum noch bekannt; auch über das, was in den jeweiligen Kirchen zum festen Bestand der Lehre gehört, herrscht eine gewisse Unsicherheit.

Dieses Büchlein setzt es sich zum Ziel, einige grundsätzliche Informationen über die Inhalte des evangelischen und katholischen Glaubens zu geben. Dabei soll gezeigt werden, dass in beiden Kirchen nicht der Glaube verschieden ist, sondern die Art und Weise, wie der Glaube gelebt wird und wie er sich institutionell, also in der jeweiligen Gestalt der Kirche, ausprägt. Sowohl die evangelische als auch die katholische Art zu glauben haben jeweils als in sich stimmige Entwürfe den Anspruch, Lebenssinn zu vermitteln.

Am Schluss des Buches finden sich einige weiterführende Literaturhinweise. Diese Werke sollen interessierten Leserinnen und Lesern eine Vertiefung all dessen ermöglichen, was in diesem kleinen Bändchen manchmal nur sehr kurz angerissen werden kann.

Speyer, im April 2001   *Martin Schuck*

Evangelische
und katholische Kirchen
in Deutschland

Etwa zwei Milliarden Menschen bekennen sich zum Christentum; das ist etwa ein Drittel der Weltbevölkerung. Das Christentum, entstanden vor 2000 Jahren im Vorderen Orient, hat bis heute den Einzug in nahezu alle Kulturkreise geschafft; die abendländische Kultur ist sogar ohne die Prägung durch das Christentum nicht zu verstehen. Allerdings ist das Christentum zu keiner Zeit eine einheitliche Religion gewesen. Schon in den Zeiten der Alten Kirchen gab es die ersten Spaltungen. Meist ging es um Glaubensfragen, manchmal aber auch um Fragen nach der Macht in der Kirche.

In der Alten Kirche stand der Konflikt zwischen den beiden Metropolen Rom und Byzanz, dem heutigen Istanbul; das Ergebnis war die Kirchenspaltung von 1054 zwischen der Westkirche in Rom und den Ostkirchen, die bis heute als »Orthodoxe Kirchen« bekannt sind. Im 16. Jahrhundert, zur Zeit der Reformation, war es der Konflikt zwischen Rom und Wittenberg, der die Teilung der westlichen Christenheit in die römisch-katholische Kirche und die evangelischen Kirchen verursachte. Wittenberg war keine Metropole der damaligen Zeit. Die Loslösung der Evangelischen von Rom hatte nicht in erster Linie politische Ursachen, sondern war Folge der Glaubens- und Gewissensnöte eines unbedeutenden Mönches und Theologieprofessors: Martin Luther.

Die verschiedenen Glaubensrichtungen im Christentum nennt man Konfessionen (*lat.: confessio = bekennen*). Die wichtigsten Konfessionen sind Katholizismus, Protestantismus, Orthodoxie und Anglikanismus. Dabei ist der Katholizismus mit mehr als einer Milliarde Gläubigen die weitaus größte Konfession. Nahezu alle Katholiken sind Mitglieder der römisch-katholischen Kirche; diese ist deshalb die weitaus größte christliche Kirche. Daneben gibt es etwa 370 Millionen evangelische und 230 Millionen orthodoxe Christen. Etwa 55 Millionen Menschen sind Mitglied in einer anglikanischen Kirche.

In Deutschland sind die evangelischen und katholischen Kirchen mit jeweils etwa 27 Millionen Mitgliedern annähernd gleich stark. Damit gehören rund zwei Drittel der Bevölkerung einer der großen Kirchen an. Allerdings gibt es regional sehr große Unterschiede in der Verbreitung der beiden Konfessionen: In den alten Bundesländern gehören etwa 75 Prozent der Bevölkerung einer christlichen Kirche an, in den neuen Bundesländern sind es etwas weniger als 30 Prozent. Die evangelischen Christen sind traditionell besonders stark in den ländlichen Gebieten im Norden Deutschlands vertreten. Je weiter man nach Süden kommt, desto höher wird der Anteil der Katholiken an der Bevölkerung; in Bayern sind es nahezu 70 Prozent. Auch gibt es ein starkes Stadt-Land-Gefälle. Grundsätzlich ist die Zahl derjenigen, die keiner Kirche angehören, in den Städten größer als in ländlichen Gebieten. In Berlin gehören nur noch etwas mehr als 40 Prozent der Bevölkerung zu einer Kirche (32 % evangelisch, 10 % katholisch), und auch in Hamburg sind es nur wenig mehr als 50 Prozent. In ländlichen Gebieten kann dagegen die Zahl der Kirchenmitglieder über 95 Prozent betragen. In Bayern etwa sind nahezu 93 Prozent der Einwohner Mitglieder einer christlichen Kirche.

Die katholische Kirche ist untergliedert in 27 Bezirke: 20 Bistümer und sieben Erzbistümer. Diese sind rechtlich nicht selbstständig, sondern Teil der weltweiten römisch-katholischen Kirche, die von Rom aus vom Papst geleitet wird. Die 24 evangelischen Landeskirchen dagegen sind allesamt rechtlich selbstständig. Allerdings werden nicht alle evangelischen Christen durch die evangelischen Landeskirchen repräsentiert, genauso wenig wie die römisch-katholische Kirche Alleinvertreterin für die Katholiken ist: Auf evangelischer Seite gibt es eine Vielzahl von Freikirchen, wie etwa die Baptisten, Methodisten, Siebenten-Tags-Adventisten, Mennoniten, Herrnhuter Brüdergemeine, Selbstständige Lutheraner, Altreformierte, die Heilsarmee und noch viele andere. Einfacher ist es bei den Katholiken: Außer der römisch-katholischen Kirche gibt es nur noch die alt-katholische Kirche. Die Orthodoxie als dritte große christliche Konfession ist in Deutschland mit etwa 1,2 Millionen Mitgliedern vertreten. Die meisten unter ihnen sind Einwanderer aus Ost- und Südosteuropa.

In der öffentlichen Wahrnehmung hierzulande reduziert sich die konfessionelle Vielfalt des Christentums auf den evangelischen und den katholischen Glauben bzw. die dazugehörigen Kirchen. In diesem Buch soll deshalb dargestellt werden, was in den jeweiligen Kirchen gilt: die wichtigsten Glaubensinhalte, die jeweilige Gestalt der Kirche und die Art und Weise, wie in den Kirchen die symbolische Kommunikation des Glaubens funktioniert. Dabei wird sich zeigen, dass es grundlegende Gemeinsamkeiten zwischen den Kirchen gibt, aber auch fundamentale Unterschiede.

Der eine Glaube
und die vielen
evangelischen Kirchen

Inhalte des evangelischen Glaubens

Die Gestalt der Kirche

Das Leben in der Kirche

Die evangelische Ethik

Der eine Glaube und die vielen evangelischen Kirchen

Evangelische Christen sind weltweit unter der Bezeichnung »Protestanten« bekannt. Historisch führt dieser Begriff zurück in die Zeit der Reformation, als die evangelischen Reichsstände beim Reichstag zu Speyer 1529 unter Protest die Versammlung verließen und damit dem Papst und dem Kaiser in Fragen des Glaubens die Gefolgschaft aufkündigten. Das war zugleich der Beginn eines zumindest in Deutschland fast 400 Jahre anhaltenden Zustandes, der als das »landesherrliche Kirchenwesen« in die Geschichte eingegangen ist: Der jeweilige Landesherr nimmt die Oberaufsicht über die evangelische Kirche wahr. Aus dieser Zeit stammt der noch heute gebräuchliche Begriff »Landeskirche«. War der Landesherr selbst katholischen Glaubens, wie etwa der bayerische König, so setzte er eine Verwaltungsbehörde, ein so genanntes »Konsistorium«, ein, das in seinem Auftrag die Kirche leitete. Wenn heute evangelische Christen sich selbst als Protestanten bezeichnen, geht es ihnen nicht mehr um diese frühere Verbindung mit dem Landesherrn; heutige Protestanten wollen das *pro-testari* als Eintreten für das Evangelium verstanden wissen.

Beim Blick auf den weltweiten Protestantismus fällt auf, dass es eine Vielzahl von Kirchen gibt, die sehr unterschiedlich in ihrer konfessionellen Prägung, ihrer Größe und ihrer Struktur sind. Vielen Kirchenmitgliedern ist die konfessionelle Prägung ihrer Kirche nicht mehr wichtig und sogar kaum noch bewusst. Aber von der konfessionellen Prägung einer evangelischen Kirche hängt es ab, auf welche Weise der Gottesdienst gefeiert wird und welche Verfassung die Kirche sich gibt. Hierzulande haben vor allem lutherische und reformierte Kirchen eine deutliche konfessionelle Prägung. Die lutherischen Kirchen orientieren sich inhaltlich an der Lehre des Wittenberger Reformators Martin Luther (1483 – 1546). Die reformierten Kirchen haben ihren Ursprung ebenfalls in der Zeit der Reformation, lassen sich aber nicht so eindeutig auf einen einzelnen Reformator zurückführen. Wichtig sind hier der Schweizer Theologe und zeitweilige Weggefährte Luthers, Huldrych Zwingli (1484–1531), der aus Frankreich stammende und in der Schweiz wirkende Jurist Johannes Calvin (1509–1564), sowie einige weniger bekannte Reformatoren.

Daneben gibt es seit dem 19. Jahrhundert unierte Kirchen; diese Kirchen sind aus einem Zusammenschluss von Lutheranern und Reformierten entstanden. Einige unierte Kirchen lassen jede Gemeinde selbst entscheiden, ob sie nach lutherischer oder reformierter Ordnung leben will. Andere haben bewusst die lutherischen und reformierten Bekenntnisse aus ihren Ordnungen gestrichen und fühlen sich ausschließlich der Heiligen Schrift verpflichtet. Vor allem den unierten Kirchen ist es zu verdanken, dass in den evangelischen Kirchen die frühere Feindschaft zwischen Lutheranern und Reformierten überwunden werden konnte.

Neben diesen drei klassischen evangelischen Konfessionen gibt es noch zahlreiche andere sich als evangelisch verstehende Gemeinschaften. Einige unter ihnen, etwa die Baptisten, Mennoniten und Adventisten, wollen sich ganz bewusst nicht als »Kirchen« bezeichnen. In ihrer Lehre orientieren sich diese evangelischen Gemeinschaften an eher randständischen Bewegungen aus der Reformationszeit, die sich im Mehrheitsprotestantismus nicht durchsetzen konnten. Die Baptisten beispielsweise (*von griech.: baptizein = taufen*) führen ihre Konfession auf die so genannten »Wiedertäufer« zurück; dabei handelt es sich um eine Bewegung der Reformationszeit, die von Martin Luther scharf bekämpft wurde, weil sie die Taufe mehrmals im Leben eines Christen wiederholen wollten und, da sie die Taufe mit einem persönlichen Glaubensbekenntnis verbunden wissen wollten, die Säuglingstaufe ablehnten. Allerdings zeigt es sich, dass eine hierzulande als evangeli-

sche Minderheit geltende Gemeinschaft wie die Baptisten
anderswo durchaus weite Teile der Gesellschaft repräsentieren kann: In den Südstaaten der USA etwa dominiert die
Southern Baptist Convention nahezu das gesamte gesell-
schaftliche Leben. Der Grund dafür liegt darin, dass die
Vorfahren der heutigen Baptisten in mehreren europäischen Ländern verfolgt wurden und schon früh nach
Amerika auswanderten.

Lutherische, reformierte und unierte Kirchen sind in
den meisten Ländern als Nationalkirchen organisiert.
Sämtliche Angehörige einer Konfession innerhalb eines
Staates gehören einer gemeinsamen Kirche mit einer zentralen Kirchenleitung an. Hin und wieder gibt es den Fall,
dass es konkurrierende Kirchen der gleichen Konfession
innerhalb eines Staates gibt. Bekanntestes Beispiel sind die
beiden lutherischen Kirchen innerhalb der USA: Dort gibt
es die eher liberale Evangelisch-Lutherische Kirche in
Amerika (ELCA) sowie die konservative Missouri-Synod.
Ähnlich ist es in Deutschland mit den teilweise sehr großen
lutherischen Landeskirchen, die dem Lutherischen Weltbund angehören, und der kleinen Selbstständigen Evangelisch-Lutherischen Kirche (SELK): Die SELK-Lutheraner
werfen den Mitgliedern der Landeskirchen vor, durch
Anpassung an den Zeitgeist das lutherische Bekenntnis
zu verwässern und betrachten ihre Kirche als authentische Verwirklichung des Luthertums. Umgekehrt hegen
viele Mitglieder der lutherischen Landeskirchen gegenüber den SELK-Lutheranern einen latenten Fundamenta-
lismus-Verdacht.

Die Tatsache der vielen, auch unterschiedlichen,
evangelischen Kirchen gehört zu den Erkennungszeichen
des Protestantismus. Dem evangelischen Glauben ist eine
starke kirchliche Organisation wesensfremd. Glaube versteht sich als Glaube an Jesus Christus, wie er sich selbst
dem einzelnen Christen mitteilt. Deshalb baut sich nach
evangelischem Verständnis die Kirche von unten her auf,
aus der Gemeinschaft der einzelnen Gläubigen. Die ent-

scheidende biblische Passage über das evangelische Glaubensverständnis steht im 1. Korintherbrief. Dort schreibt der Apostel Paulus:

»Ich erinnere euch aber, liebe Brüder, an das Evangelium, das ich euch verkündigt habe, das ihr auch angenommen habt, in dem ihr auch fest steht, durch das ihr auch selig werdet, wenn ihr's festhaltet in der Gestalt, in der ich es euch verkündigt habe; es sei denn, dass ihr umsonst gläubig geworden wärt. Denn als erstes habe ich euch weitergegeben, was ich auch empfangen habe: Dass Christus gestorben ist für unsere Sünden nach der Schrift; und dass er begraben worden ist; und dass er auferstanden ist am dritten Tage nach der Schrift, und dass er gesehen worden ist von Kephas, danach von den Zwölfen« (1. Korinther 15,1–5).

Evangelischer Glaube versteht sich als durch das Wort Gottes vermittelter Glaube. Dabei wird die Bibel (in ihrer Eigenschaft als »Heilige Schrift«) als Wort Gottes betrachtet, und zwar in dem Sinn, wie sie Glaubenszeugnis ist von Menschen, denen sich Gott mitgeteilt hat. Man kann somit sagen: Die Bibel ist in menschliche Sprache vermitteltes Wort Gottes: Gott redet, indem er durch Menschen redet. Dieses in menschliche Sprache übersetzte Wort Gottes kann Menschen nur dadurch erreichen, dass es immer wieder mitgeteilt wird. Das ist die Aufgabe der Predigt. Deshalb ist die Predigt notwendiger Mittelpunkt eines jeden evangelischen Gottesdienstes. Indem der Pfarrer predigt, macht er sich zum Medium Gottes, damit dieser die Tatsache, dass sein Wort gepredigt wird, dazu nutzen kann, mittels dieses Wortes die Zuhörenden zum Glauben zu führen.

Nach der Lehre der Reformatoren hat die Kirche als Institution deshalb keine andere Aufgabe, als die Verkündigung des biblischen Wortes zu gewährleisten, um so die Möglichkeit zu schaffen, dass Gott durch dieses Wort die Menschen erreicht. Aus dieser recht einfachen Tatsache erklärt es sich auch, dass es keine einheitliche evangelische Kirche gibt, und dass überdies die vielen über die ganze Welt verstreuten evangelischen Kirchen sehr unterschied-

liche Organisationsformen haben. Wenn die Weckung des
Glaubens als ein Werk Gottes betrachtet wird, bei dem die
Menschen allenfalls durch die Bereitstellung von Hilfsmit-
teln einen äußeren Dienst leisten können, dann sind die
Einzelheiten, wie dieser äußere Dienst organisiert ist, nicht
heilsnotwendig.

Von daher verstehen evangelische Christen die plura-
listische Erscheinungsweise des Protestantismus nicht als
Makel, sondern als Zeichen von Normalität. Je nach den
gesellschaftlichen und politischen Begebenheiten gab es in
der Geschichte des Protestantismus sehr viele unterschiedliche Arten der Organisation von Kirche: von der kleinen
Untergrundkirche, die in der Illegalität leben musste, über
das System des schon erwähnten landesherrlichen Kirchenregiments in Deutschland, bis hin zur Staatskirche in
den skandinavischen Ländern. In Schweden beispielsweise
hatte bis ins Jahr 1999 die evangelische Kirche Verwal-
tungsaufgaben des Staates zu übernehmen und die Pfarrer
waren Staatsbeamte.

In der Gegenwart haben sich bei den lutherischen, reformierten und unierten Kirchen weltweit annähernd glei-
che Strukturen durchgesetzt: An der Spitze vor allem der
lutherischen Kirchen steht als Repräsentant ein Bischof; in
den reformierten und unierten Kirchen kann dieser Repräsentant auch den Titel Kirchenpräsident, Präses oder Su-
perintendent tragen. Die eigentliche Leitung der Kirche
geschieht aber in einem Kirchenparlament, der Synode
(*griech.: synodos = Versammlung*). Diese Strukturen sind in
so genannten Kirchenordnungen festgelegt, die sehr stark
den Verfassungen demokratischer Staaten nachempfun-
den sind.

Die folgende Darstellung blickt ausschließlich auf
den Aufbau und die Leitungsstrukturen innerhalb der
evangelischen Landeskirchen. Auf Grund der dargestellten
pluralistischen Erscheinungsweise des weltweiten Protestantismus würde alles andere den Rahmen dieses Buches
sprengen.

Die Gestalt der Kirche

Das Pfarramt

Pfarrer sind in allen Kirchen Bindeglieder zwischen den einzelnen Menschen, seien es Kirchenmitglieder oder Außenstehende, und der Kirche als Institution. Wer einen Dienst der Kirche beanspruchen will, wendet sich in erster Linie an den Pfarrer. Die Art und Weise, wie dieser auftritt, hat oft weit reichende Folgen für das Bild, das Menschen sich von »der Kirche« machen. Dabei muss allerdings beachtet werden, dass die Unterschiede zwischen den Konfessionen sich sehr stark gerade im Auftreten der jeweiligen Geistlichen beobachten lassen.

Der Pfarrer hat an einer akademischen Standards genügenden Ausbildungsstätte ein wissenschaftliches Studium im Fach Evangelische Theologie absolviert, in Deutschland in der Regel an einer staatlichen Fakultät. Sowohl die evangelischen Landeskirchen als auch einige Freikirchen unterhalten darüber hinaus noch eigene kirchliche Hochschulen, an denen aber nur eine Minderheit der Pfarrer ausgebildet wird. Auf das akademische Studium, das etwa 12 Semester dauert und mit einem kirchlichen Examen beendet wird, folgt eine zwei- bis zweieinhalbjährige praktische Ausbildung, Vikariat genannt. Neben der Arbeit in der Kirchengemeinde wird der Vikar auch für den Schulunterricht ausgebildet, denn in den meisten evangelischen Landeskirchen muss der Pfarrer einige Stunden Religionsunterricht an öffentlichen Schulen erteilen.

Die Hauptaufgabe eines evangelischen Pfarrers besteht darin, für das gottesdienstliche Leben in einer Gemeinde zu sorgen. Die Augsburger Konfession von 1530, das wichtigste Bekenntnis der lutherischen Kirchen, misst dem »Amt«, gemeint ist das Predigtamt, die Bedeutung zu, das Evangelium zu verkündigen und die Sakramente zu verwalten. Die Sorge für den Gottesdienst und die damit verbundene Gestaltung von Amtshandlungen wie kirchlichen Trauungen und Beerdigungen ist somit seit der Reformation die Hauptaufgabe des Pfarrers. Zur Ausübung dieses Dienstes der Wortverkündigung und Sakramentsverwaltung wird der Pfarrer durch die Gemeinde in einem gottesdienstlichen Akt, der so genannten Ordination (*lat.: ordinare = ordnen*), beauftragt. Aus diesem wichtigen Auftrag des »Dienstes am Wort« ergeben sich erst die anderen Aufgaben des Pfarrers. Diese anderen Aufgaben sind allerdings vielfältig: die Verwaltung der Kirchengemeinde, die Sorge für das kirchliche Leben einschließlich der »Mitgliederpflege«, die Seelsorge, der Konfirmandenunterricht und das Erteilen von Religionsunterricht an öffentlichen Schulen.

In den evangelischen Kirchen herrscht die Überzeugung, dass der Pfarrer zwar einen besonderen kirchlichen Dienst versieht, aber deshalb keine herausgehobene Stellung vor Gott hat. Deshalb wurde seit der Reformation auf eine normale, bürgerliche Existenz des Pfarrers Wert gelegt. Aus diesem Grund kam dem evangelischen Pfarrhaus in den vergangenen Jahrhunderten eine große Bedeutung zu. Im Gegensatz zum katholischen Priester ist es dem evangelischen Pfarrer erlaubt zu heiraten. Martin Luther selbst steht am Anfang der Geschichte des evangelischen Pfarrhauses, denn er hatte eine entflohene Nonne geheiratet und mit ihr eine Familie gegründet. Diese ehemalige Nonne, Katharina von Bora (1499–1552), galt immer als Sinnbild der evangelischen Pfarrfrau, und gerade in den vergangenen Jahren wurde anlässlich ihres 500. Geburtstags aufs Neue ihre Rolle im Zusammenhang mit der Entstehung eines eigenständigen kulturellen Milieus des Protestantismus gewürdigt. Dieses kulturelle Milieu, das mit einigen Abstrichen bis auf den heutigen Tag existiert, wurde in nicht unerheblichem Maße durch die Pfarrfrau mitentwickelt. Lange bevor die Unterscheidung zwischen Beruf und ehrenamtlicher Arbeit zu einem innergesellschaftlichen Thema wurde, war die unentgeltliche Arbeit der Pfarrfrau wichtige Voraussetzung für die Funktionsfähigkeit des Pfarramtes. So entstand in den evangelischen Pfarrersfamilien eine innerfamiliäre Arbeitsteilung: Der Pfarrer war für die Führung der Amtsgeschäfte und das Predigtamt zuständig, die Pfarrfrau verrichtete caritative Dienste und organisierte die eher pädagogisch orientierte Gemeindearbeit.

Nicht zuletzt durch diesen Impuls wurde das evangelische Pfarrhaus in den Jahrhunderten seit der Reformation zu einer Geburtsstätte der bürgerlichen Kultur. Dem Vorbild Martin Luthers folgend, war der Pfarrer mit einer gewissen Selbstverständlichkeit verheiratet und hatte mehrere Kinder. Oft war er in ländlichen Gebieten der einzige akademisch gebildete Mensch am Ort. Das gab ihm automatisch eine Sonderstellung. Dazu kam, dass das Pfarrhaus ein öffentliches Haus war. Es gehörte der Kirchengemeinde, oft befand sich im Untergeschoss ein Raum für Gemeindeveranstaltungen. Es war ein öffentliches Wohnen, die Pfarrfamilie lebte für alle sichtbar ein öffentliches Leben: Die Pfarrfrau half tatkräftig in der Gemeinde mit, die Kinder spielten im Gottesdienst die Orgel oder mussten auf andere Weise mitarbeiten. Ansonsten zählte man sich im evangelischen Pfarrhaus zum Bildungsbürgertum, man machte Hausmusik und war mit der Literatur vertraut. Auffällig viele berühmte Musiker und bekannte Schriftsteller stammen aus evangelischen Pfarrhäusern.

Das evangelische Pfarrhaus erlebte seine Blütezeit im 19. Jahrhundert. In der Zeit der Entstehung der bürgerlichen Gesellschaft war die öffentliche Existenz ein Teil des Berufes des Pfarrers. Sein Auftrag war es, seine Gemeindeglieder nicht nur im Bibelwissen zu schulen, sondern mit seinem eigenen Familienleben ein vorbildliches Lebensmodell vorzustellen. In einer Zeit, als die beginnende Industrialisierung Erwerbsarbeit und Familienleben bei großen Bevölkerungsschichten immer radikaler zu trennen begann, steuerte die Pfarrfamilie dieser Entwicklung entgegen, indem Familienleben und Dienst in der Kirchengemeinde für alle sichtbar zusammengehörten.

In den Jahrzehnten seit dem Zweiten Weltkrieg gibt es in
den evangelischen Kirchen eine Tendenz, die man als Abkehr des Pfarramts vom vorbildlichen Lebensmodell hin
zum kirchlichen Dienstleister bezeichnen könnte. Die
Auslöser sind vielfältig, beispielsweise die Demokratisie-
rung aller Bereiche der Gesellschaft. Deutlichster Ausdruck dafür, dass diese Entwicklung vor den evangelischen
Kirchen nicht Halt macht, ist die Einführung der Frauenordination, also die Berufung von Frauen ins Pfarramt. Die
ersten Pfarrerinnen wurden in den 50er Jahren ordiniert
und sind heute in den meisten evangelischen Kirchen, zumindest in Europa und Nordamerika, eine Selbstverständlichkeit. Dabei darf allerdings nicht vergessen werden, dass
erst im Jahr 1991 die letzte evangelische Landeskirche in
Deutschland die Frauenordination eingeführt hat, und
die Selbstständige Evangelisch-Lutherische Kirche in
Deutschland (SELK) bis heute keine Frauen ordiniert.
Auch in anderen Ländern ist die Frauenordination ein
Streitthema: Die Evangelisch-Lutherische Kirche in Lett-
land beispielsweise hat die Frauenordination zuerst eingeführt, um sie kurz darauf wieder abzuschaffen. In vielen
afrikanischen und asiatischen evangelischen Kirchen ist es
noch ein weiter Weg bis zur Ordination von Frauen.

Ein weiterer Grund für die Entwicklung des Pfarramts
hin zum innerkirchlichen Dienstleister ist die zunehmen-
de Professionalisierung innerhalb der evangelischen Kirchen. Seit den 60er Jahren des 20. Jahrhunderts sind innerhalb der Kirche neue Berufe entstanden wie etwa der
des Gemeindediakons oder des Religionspädagogen. Aber
auch innerhalb des Pfarrerberufs setzte eine immer stärke-
re Spezialisierung ein. Gegenwärtig arbeiten nur noch etwas mehr als die Hälfte der evangelischen Pfarrer in einer
Kirchengemeinde. Die anderen sind Pfarrer im Schul-
dienst, hauptamtliche Seelsorger in Krankenhäusern oder
anderen öffentlichen Einrichtungen. Stark verändert wurde der Beruf des Pfarrers aber vor allem durch eine Vielzahl
von so genannten übergemeindlichen Diensten. So gibt es

immer mehr Pfarrer, die für einen eng begrenzten Arbeitsbereich zuständig sind, wie etwa evangelische Jugendarbeit, Erwachsenenbildung, Industrieseelsorge, Seelsorge an der Landbevölkerung, Volksmission, Weltmission und Ökumene, Kindergottesdienst, evangelische Frauenarbeit oder Umweltfragen.

Kirchenvorstände

Die schon erwähnte Anlehnung kirchlicher Ordnungen an die Ordnungsstrukturen demokratischer Staaten wirkt sich aus bis hinunter auf die Ebene der einzelnen evangelischen Kirchengemeinden. Hier sind es vor allem die Kirchenvorstände, die gegenüber früheren Zeiten erheblich erweiterte Kompetenzen haben: Sie leiten nun – so drücken es die meisten Kirchenverfassungen aus – gemeinsam mit dem Pfarrer die Gemeinde. Dieses Leitungsamt umfasst nahezu alle Bereiche des kirchlichen Lebens: Mitverantwortung für die Gottesdienste, Mitspracherecht bei der Gestaltung des Konfirmandenunterrichts, Dienstaufsicht über Angestellte der Kirchengemeinde (Kirchenmusiker, Küster, Erzieherinnen, Hausmeister), Aufsicht über die Finanzen der Kirchengemeinde, Unterhalt der Gebäude und des Inventars, in einzelnen Landeskirchen sogar die Geschäftsführung der Gemeinde.

Grundsätzlich gibt es in jeder evangelischen Kirchengemeinde einen Kirchenvorstand. Die einzelnen Mitglieder sind in einer allgemeinen, freien und geheimen Wahl für die Dauer von in der Regel sechs Jahren gewählt. Die Anzahl der Mitglieder des Kirchenvorstandes richtet sich nach der Größe der Gemeinde. War es bis vor wenigen Jahren so, dass immer der Pfarrer den Vorsitz im Kirchenvorstand führen musste, so können neuerdings in immer mehr Landeskirchen auch Nicht-Theologen Vorsitzende werden; der Pfarrer hat in einem solchen Fall aber immer den stellvertretenden Vorsitz.

Wenn Kirchenordnungen ausdrücken, dass Pfarrer und Kirchenvorstand gemeinsam die Gemeinde leiten sollen, dann haben die Verfasser solcher Regelungen schon um das nicht immer konfliktfreie Nebeneinander von hauptamtlichen Theologen und so genannten »Laien« gewusst. Vor allem bei der Gottesdienstgestaltung kann es leicht passieren, dass die berufliche Kompetenz des Pfarrers und bestimmte, oft durch lange Traditionen geprägte Vorlieben der Gemeinde (die durch den Kirchenvorstand repräsentiert wird) sehr weit auseinander liegen. In diesem Fall muss sich das seit der Reformation hoch geschätzte Prinzip des Gegenübers von Amt und Gemeinde bewähren: Weder ist der Pfarrer (als Inhaber des Predigtamtes) absoluter Herrscher über die ihm anvertraute Kirchengemeinde, noch kann die Gemeinde die eigenen Traditionen und Gebräuche verabsolutieren und gegen von außen herangetragene Änderungsvorstellungen immunisieren. Vielmehr gehört es zum Wesen des evangelischen Glaubens, dass (Predigt-)Amt und Gemeinde in einem immer währenden Verständigungsprozess stehen und vor dem Hintergrund des biblischen Wortes gemeinsam um zeitgemäße Formen der gottesdienstlichen Verkündigung und des gemeindlichen Lebens ringen müssen.

Aufgrund der Fülle der zu bewältigenden Aufgaben formieren sich in den meisten Kirchenvorständen Ausschüsse, die für bestimmte, eng umrissene Aufgabenfelder zuständig sind. Auf diese Weise wird versucht, dass die vorhandenen Fähigkeiten der Mitglieder innerhalb jeder einzelnen Kirchengemeinde optimal für das Wohl aller genutzt werden. Biblisch begründet wird dies mit einer Passage aus dem 1. Korintherbrief, wo es heißt: »*In einem jeden offenbart sich der Geist zum Nutzen aller; dem einen wird durch den Geist gegeben, von der Weisheit zu reden; dem anderen wird gegeben, von der Erkenntnis zu reden, nach demselben Geist; einem anderen Glaube, in demselben Geist; einem anderen die Gabe, gesund zu machen, in dem einen Geist; einem anderen die Kraft, Wunder zu tun; einem anderen prophetische Rede; einem anderen die Gabe, die Geister zu unterscheiden; einem anderen mancherlei Zungenrede; einem anderen die Gabe, sie auszulegen. Dies alles aber wirkt derselbe eine Geist und teilt einem jeden das Seine zu, wie er will*« (1. Korinther 12,7 – 11).

Konkret bedeutet dies: ein Kirchenvorstand braucht Ausschüsse für Gottesdienste sowie Konfirmanden- und Bildungsarbeit, idealerweise auch für Kindergottesdienst, immer aber für Finanzangelegenheiten, für Baufragen, für Personalfragen, für die gemeindliche Jugendarbeit und eventuell auch noch für Kindergartenfragen. Die Fülle dieser zu erledigenden Aufgaben macht deutlich, dass es für das Leben einer Gemeinde umso besser ist, je ausgewogener ein Kirchenvorstand personell besetzt ist. Dem biblischen Idealbild entsprechend sollen alle Fähigkeiten als gleichwertig angesehen werden. Tatsächlich zeigt die Erfahrung, dass ein reibungsloses Zusammenspiel der unterschiedlichen Begabungen die beste Garantie für ein harmonisches Zusammenleben in der Kirchengemeinde bietet.

In einigen Landeskirchen werden die Mitglieder des Kirchenvorstandes Älteste oder auch Presbyter (*griech.: hoi presbyterioi = die Ältesten*) genannt. Diese Kirchen sehen sich meist selbst in der reformierten, auf Johannes Calvin zurückreichenden Tradition. Bei Johannes Calvin wurde im 16. Jahrhundert in Genf das altkirchliche Amt des Presbyters wieder neu begründet. In der Alten Kirche der ersten fünf Jahrhunderte war der Presbyter der Stellvertreter des Bischofs und hatte vor allem gottesdienstliche Aufgaben zu erfüllen. Während der Reformation in Genf (um 1550) wird das Amt des Presbyters wieder eingerichtet, nun als berufener Vertreter der Gemeinde. Da es in vielen reformierten Kirchen keine hauptberuflichen Pfarrer gab und diese Kirchen – vor allem in Frankreich, aber auch in vielen anderen europäischen Ländern – immer wieder mit Verfolgung zu leben hatten, hat sich das Amt des Presbyters als Gemeindeleiter bewährt. Deshalb nennen sich auch heute noch viele reformierte Kirchen vor allem in der an-

gelsächsischen Welt »presbyterial«. Damit wird ausge-
drückt, dass diese Kirchen grundsätzlich von gewählten
Vertretern – meist Nicht-Theologen – geleitet werden und
sich seit ihrer Entstehung im 16. Jahrhundert eine demokratische Organisationsform gegeben haben. In solchen
Kirchen haben die Kirchenvorstände (Presbyter) erheblich
größere Leitungskompetenzen als in Kirchen, die sich auf
die lutherische Tradition zurückführen.

Zwar gab es auch in den lutherischen Kirchen immer
Kirchenvorstände; diese sind aber immer schon weniger
mit Leitungsaufgaben befasst als vielmehr mit der Aufsicht
über die Inhaber des Predigt- und Lehramtes, die Pfarrer
und Bischöfe also. Etwas überspitzt kann man den Unterschied so beschreiben, dass in den reformierten Kirchengemeinden alle Macht bei den Kirchenvorständen liegt und
diese auch für die ordnungsgemäße Durchführung von
Gottesdiensten sorgen müssen – bis hin zur Verpflichtung
eines jeden einzelnen Presbyters, sich notfalls selber nach
seinen Fähigkeiten am Gottesdienst zu beteiligen. In den
lutherischen Gemeinden dagegen ist ein Pfarrer mit der
Leitung der Gemeinde beauftragt und die Kirchenvorstände haben darüber zu wachen, dass der Pfarrer in der Ausübung seines Amtes der Wortverkündigung fest auf dem
Boden der Bibel und der lutherischen Bekenntnisschriften
steht. Während in reformierten Gemeinden die Kirchenvorstände eine mehr aktive Rolle auch in Fragen des Gottesdienstes einnehmen, wird im Luthertum mehr das Gegenüber von Amt und Gemeinde betont, was für die Kirchenvorstände weniger eine aktive als vielmehr eine beob-
achtende, wachende Funktion bedeutet.

Synoden

Ähnlich wie in den Kirchengemeinden gibt es auch auf den
weiteren Ebenen Kirchenvorstände, die mit Leitungsaufgaben betraut sind. Diese Vorstände, Synoden genannt,

bestehen in der Regel zu einem Drittel aus Theologen und zu zwei Dritteln aus Nicht-Theologen. Für die evangelischen Landeskirchen in Deutschland bedeutet dies eine Praxis repräsentativer Demokratie auf drei Ebenen: in den Gemeinden (Kirchenvorstände), in den Kirchenkreisen (je nach Landeskirche: Kreis-, Dekanats- oder Bezirkssynode) sowie auf der Ebene der Landeskirche (Landessynode). Da Kirchengemeinden, Kirchenkreise und Landeskirchen nach bundesdeutscher Rechtsordnung jeweils für sich Körperschaftsstatus haben, sind die Synoden die gesetzgebenden Organe dieser Körperschaften. Aufgrund der rechtlichen Selbständigkeit der Landeskirchen bedeutet dies, dass die Synoden der 24 deutschen Landeskirchen die höchsten gesetzgebenden Organe des Protestantismus sind. Zwar gibt es auch eine Synode der Evangelischen Kirche in Deutschland (EKD); wegen des Charakters der EKD als Zusammenschluss rechtlich selbstständiger Kirchen hat diese jedoch nur sehr eingeschränkte Kompetenzen.

Synoden gibt es schon seit den Anfängen der Christenheit; allerdings hat sich ihre Bedeutung in den letzten Jahrhunderten stark gewandelt. In der Alten Kirche und im Mittelalter war der Begriff Synode gleichbedeutend mit »Konzil« und bezeichnete eine Versammlung von Bischöfen, die gemeinsam mit dem Papst über die Lehre der Kirche wachten. Seit der Reformation wurden Synoden in den evangelischen Kirchen zu Mitteln der Kirchenleitung.

Allerdings ist der Weg zur heutigen Form der Synoden innerhalb des Protestantismus keineswegs einheitlich. Im Luthertum stand am Anfang ein 1526 von Vertretern der Landesstände ausgearbeiteter Entwurf einer Kirchenordnung, der eine Synode mit Predigern und von den Gemeinden gewählten Abgeordneten vorsah. Dieser Entwurf wurde aber von Martin Luther verworfen und blieb deshalb zunächst wirkungslos. In den später entstandenen lutherischen Kirchen gab es dann nur vereinzelt so genannte »Geistlichkeits-Synoden«, die lediglich Aufsichtsfunktion hatten. Dieser Zustand hielt zumindest in Deutschland unter dem landesherrlichen Kirchenregiment bis 1918 an.

Anders war es in den reformierten Kirchen: In den westeuropäischen Ländern, die eher von Calvin als von Luther geprägt waren, entstanden auf der Grundlage der Genfer Gemeindeordnung in Frankreich, Schottland und den Niederlanden reformierte Kirchen mit synodaler Verfassung, was dann auch Auswirkungen auf die Reformierten in Deutschland hatte. Ab der zweiten Hälfte des 16. Jahrhunderts wurden auf den reformierten Synoden die in den Kirchen geltenden Bekenntnisse sowie die Kirchenordnungen unter Beteiligung von Nicht-Theologen auf demokratische Weise festgelegt. Somit können die vorwiegend in Westeuropa, aber auch in Polen und Böhmen verbreiteten reformierten Kirchen als Wegbereiter der parlamentarischen Demokratie in der frühen Neuzeit betrachtet werden.

Vor allem in Amerika übernahmen im 19. Jahrhundert viele Lutheraner das synodale Prinzip für ihre Kirchen. Ähnlich dem Modell der konstitutionellen Monarchie gab es zwar einen Bischof, der in der Regel auf Lebenszeit gewählt war und weit reichende Kompetenzen im Bereich der Lehre und der Kirchenleitung besaß; bei der Gesetzgebung war er aber vollständig von der Synode abhängig.

In den lutherischen Kirchen in Deutschland entstanden erst nach dem Ende des landesherrlichen Kirchenregiments, also nach 1918, synodale Leitungsstrukturen. Plötzlich sah man sich vor die Notwendigkeit gestellt, ohne den zuständigen Landesfürsten die Leitung der Kirche selbstständig regeln zu müssen. Ähnlich wie in den USA und wie in einigen deutschen unierten Kirchen gab man sich so genannte episkopale Verfassungen mit Bischöfen an der Spitze und Synoden als gesetzgebenden Organen.

Einen Einschnitt im Selbstverständnis der Synoden gab der Kirchenkampf in den Jahren nach 1933. Die versuchte Gleichschaltung der Kirchen mit dem Nazi-Staat durch das Einsetzen eines Reichsministers für Kirchenfragen und die Einberufung einer Nationalsynode führte faktisch zu einer Spaltung innerhalb einiger Landeskirchen. Führende Persönlichkeiten der »Bekennenden Kirche«, die sich gegen die drohende Gleichschaltung wehrten, riefen im Mai 1934 in Barmen eine »Bekenntnissynode« ein. In der dort verabschiedeten »Barmer Theologischen Erklärung« machten die anwesenden Synodalen gemeinsam von ihrem Lehramt Gebrauch und verabschiedeten einige grundlegende Sätze über das Wesen der Kirche und das Verhältnis der Kirche zum Staat.

Aus dieser Erfahrung des Kirchenkampfes entwickelte sich ein neues Selbstverständnis der Synoden sowohl in den lutherischen, als auch den reformierten und unierten Landeskirchen: War es in den Jahren nach 1918 üblich, die Synoden in erster Linie als »Kirchenparlamente« zu verstehen, in denen, analog dem »weltlichen« Parlamentarismus, die Kirchenparteien eine herausragende Stellung hatten, so besann man sich nach 1945 in den neu entstandenen Landeskirchen wieder auf den besonderen Charakter der Synoden als kirchliche Leitungsorgane, die auch eine besondere Verantwortung für die kirchliche Lehre haben. Heutige Synoden versuchen dieser Verantwortung gerecht zu werden, indem neben den gewählten Mitgliedern auch Vertreter besonderer kirchlicher Gruppierungen oder in der Synode unterrepräsentierter gesellschaftlicher Gruppen als Mitglieder der Synode berufen werden. Auch sucht man in Fragen der Lehre den Kontakt zu den theologischen Fakultäten an den Universitäten und fragt diese in strittigen Fragen um theologische Gutachten nach.

Kirchenleitungen

Vor dem Hintergrund dieser weit reichenden Kompetenzen der Synoden beschränkt sich die Aufgabe der kirchenleitenden Gremien und Organe in der Regel auf die Umsetzung der Synodenbeschlüsse sowie die Repräsentation der

Kirche nach außen. Hier gibt es aber innerhalb der einzelnen Landeskirchen gewisse Unterschiede, was die Vertei-
lung der Leitungskompetenzen auf die einzelnen Organe
angeht.

Unumstritten ist in *allen* Landeskirchen, dass die ge-
setzgebende Kompetenz ausschließlich der Landessynode
zukommt. Ebenso gibt es überall ein Landeskirchenamt –
in Erinnerung an die Zeit des landesherrlichen Kirchenregiments wird es in einigen Landeskirchen noch Konsistorium genannt –, das als oberste Kirchenbehörde für die Umsetzung der durch die Synode erlassenen Gesetze zuständig
ist. Diese Kirchenbehörden sind in der Regel so organisiert, dass die einzelnen Dezernenten (Oberkirchenräte)
quasi die Funktion von Ministern haben, also nicht nur für
die Umsetzung, sondern auch für die Erarbeitung und Vor-
lage von Gesetzen in ihren Ressorts zuständig sind.

Ein wesentlicher Unterschied in der Leitungsstruktur
lutherischer und eher aus der reformierten Tradition
stammenden Kirchen besteht nun idealtypisch darin, dass
an der Spitze der lutherischen Kirchen ein Bischof steht,
der die geistliche Leitung der Kirche innehat, aber selber
nicht in die Kirchenverwaltung eingebunden ist. Der Idee
nach soll der Bischof ein *pastor pastorum* sein, also ein lei-
tender Geistlicher, der zwar von der Synode gewählt ist,
aber als eigenständiges Organ im Gegenüber zur Synode
steht und bestimmte Vollmachten hat: Trifft die Synode etwa problematische Entscheidungen zur kirchlichen Lehre,
kann er von einem Vetorecht Gebrauch machen; in Dis-
ziplinarsachen kann er ein Gnadenrecht ausüben. Die
Leitung der kirchlichen Verwaltung fällt innerhalb dieser
Leitungsstruktur einem eigens dafür gewählten Verwal-
tungspräsidenten zu.

Anders ist es bei denjenigen Kirchen, die in der reformierten Tradition stehen: Hier ist der oberste Repräsentant, der meist den Titel Präses oder Kirchenpräsident
trägt, aktiv als Dezernent in die Arbeit der Kirchenverwaltung eingebunden, in der Regel als deren Leiter. Die Frage

des ebenfalls von ihm mit auszuübenden leitenden geistlichen Amtes kann dann auf unterschiedliche Weise gelöst sein: In einigen Landeskirchen übt der Kirchenpräsident (bzw. Präses) dieses Amt gemeinsam mit einigen Oberkirchenräten aus, was für sämtliche Inhaber des leitenden geistlichen Amtes leicht einen Interessenkonflikt zwischen seelsorgerischen Anliegen und Interessen der Verwaltung mit sich bringen kann. In der Evangelischen Kirche in Hessen und Nassau beispielsweise übt der Kirchenpräsident gemeinsam mit seinem Stellvertreter und den Pröpsten (der Funktion nach Regionalbischöfe) das leitende geistliche Amt aus. Damit beschränkt sich die Funktion der Oberkirchenräte ausschließlich auf die Verwaltung.

Kirchliche Zusammenschlüsse

Nach den Erfahrungen mit dem Nationalsozialismus, der die evangelische Kirche dem Staat gleichschalten wollte, wurden in Deutschland nach 1945 die Landeskirchen wieder hergestellt. Diese schlossen sich bereits im August 1945 bei der Kirchenversammlung im hessischen Treysa zur Evangelischen Kirche in Deutschland (EKD) zusammen. Drei Jahre später, am 3. Dezember 1948, wurde die bis heute gültige »Grundordnung der EKD« verabschiedet. Ihrem eigenen Verständnis nach ist die EKD keine eigenständige Kirche, sondern ein Dachverband von Landeskirchen unterschiedlichen Bekenntnisses. Ihre eigentliche Funktion besteht darin, bestimmte Gemeinschaftsaufgaben für die einzelnen Landeskirchen zu übernehmen, beispielsweise die Ausgestaltung des Disziplinarrechts, die Interessenvertretung gegenüber der Bundesregierung und der Europäischen Kommission, die Entsendung von Auslandspfarrern und die Vertretung nach außen. Dazu unterhält die EKD ein Kirchenamt als Verwaltungsbehörde in Hannover.

Die Landeskirchen entsenden ihrer Größe entsprechend Mitglieder in die Synode der EKD. Im Gegensatz zu den Landessynoden ist diese weniger für die Gesetzgebung zuständig als vielmehr Beratungsgremium. Neben der Verabschiedung des Haushalts besteht ihre wichtigste Aufgabe darin, den Rat der EKD zu wählen. Der Ratsvorsitzende repräsentiert den deutschen Protestantismus in der Öffentlichkeit, hat aber keine kirchenleitende Funktion. Neben Synode und Rat gibt es als drittes Organ der EKD die Kirchenkonferenz, bestehend aus Vertretern der Kirchenleitungen der Gliedkirchen. Aufgrund der Rechtsform der EKD als Kirchenbund fallen in diesem Vertreterorgan der Landeskirchen die wichtigsten Entscheidungen.

Neben der EKD gibt es innerhalb des deutschen Protestantismus weitere Zusammenschlüsse: Fast alle lutherischen Landeskirchen sind in der 1948 in Eisenach gegründeten Vereinigten Evangelisch-Lutherischen Kirche Deutschlands (VELKD) zusammengeschlossen. Die VELKD, die sich im Gegensatz zur EKD explizit als Kirche versteht, versucht durch ihre theologische Arbeit eine Vereinheitlichung des kirchlichen Lebens in den lutherischen Landeskirchen zu erreichen. Ihre wichtigsten Aufgaben sind die Herausgabe lutherischer Gottesdienstordnungen, die Organisation gemeinsamer theologischer Aus- und Fortbildung sowie Stellungnahmen zu Fragen des kirchlichen und öffentlichen Lebens. Die Mitgliedskirchen der VELKD sind allesamt Gliedkirchen der EKD, allerdings ist die VELKD selbst keine EKD-Gliedkirche.

Die unierten Kirchen auf dem Gebiet des ehemaligen Landes Preußen sind zusammengeschlossen in der Evangelischen Kirche der Union (EKU) mit Sitz in Berlin. Neben all ihren Gliedkirchen ist die EKU selber Mitgliedskirche der EKD. Daneben gibt es als lose Arbeitsgemeinschaft all jener EKD-Kirchen, die weder der VELKD noch der EKU angehören, die so genannte »Arnoldshainer Konferenz« (AKf), benannt nach ihrem Gründungsort, der Evangelischen Akademie Arnoldshain. Eine Besonderheit unter den kirchlichen Zusammenschlüssen ist der Reformierte Bund, dem nicht nur Landeskirchen beitreten können, sondern auch Gemeinden und Einzelpersonen.

Sowohl die kirchlichen Zusammenschlüsse als auch die Landeskirchen sind wiederum Mitglied in ökumenischen Organisationen und in konfessionellen Weltbünden. Die wichtigsten ökumenischen Zusammenschlüsse sind der 1948 in Amsterdam gegründete Ökumenische Rat der Kirchen (ÖRK) mit Sitz in Genf, dem mittlerweile 342 evangelische, orthodoxe und anglikanische Kirchen angehören. Für die europäischen Protestanten ist die Leuenberger Kirchengemeinschaft (ebenfalls benannt nach ihrem Gründungsort, der Tagungsstätte Leuenberg in der Schweiz) wichtig. Die 1973 verabschiedete Leuenberger Konkordie haben bis heute über 100 evangelische Kirchen in Europa (und neuerdings sogar in Südamerika) unterzeichnet; sie bietet die Grundlage für mehr Gemeinsamkeit in der Lehre und im öffentlichen Auftreten der Kirchen, was vor allem vor dem Hintergrund eines immer weiter zusammenwachsenden Europa als wichtige Zukunftsaufgabe betrachtet wird.

Die für die evangelischen Kirchen in Deutschland wichtigsten konfessionellen Weltbünde sind die Lutherische und der Reformierte Weltbund, beide mit Sitz in Genf. An weiteren evangelischen Weltbünden gibt es den Methodistischen und den Baptistischen Weltbund.

Das Leben in der Kirche

Der Gottesdienst

Die zentrale Veranstaltung, in der evangelische Christen ihrem Glauben Ausdruck verleihen, ist der Gottesdienst. Das Wort selbst ist doppeldeutig: »Gottesdienst« kann entweder heißen: die Menschen dienen Gott, oder: Gott dient den Menschen. Tatsächlich deutet evangelische Theologie Gottesdienst zunächst einmal so, dass Gott dem Menschen mit seiner Gegenwart und mit seinem Wort dient. Die

Rolle des Menschen besteht bei dieser Deutung darin, Gott zuzuhören. Erst als zweiter Schritt kommt der Dienst des Menschen ins Spiel, nämlich als Versuch, das im Gottesdienst Gehörte im Alltag umzusetzen. Diese Bedeutung des Gottesdienstes als durch Gott inspirierter Dienst des Menschen an der Welt greift zurück auf eine Stelle des Römerbriefs, wo Paulus schreibt: »*Angesichts des Erbarmen Gottes ermahne ich euch, meine Brüder, euch selbst als lebendiges und heiliges Opfer darzubringen, das Gott gefällt; das ist der wahre, euch angemessene Gottesdienst*« (Römer 12,1).

Im normalen Sprachgebrauch hat es sich allerdings schon seit den Zeiten der frühen Christenheit eingebürgert, unter Gottesdienst eine Feier der Gemeinde zu verstehen, in der zwar Gott dem Menschen durch seine Anwesenheit und sein Wort dient, die aber von Menschen nach festen Regeln gestaltet wird.

Evangelische Gottesdienste können zu unterschiedlichen Zeiten, an unterschiedlichen Orten und auf unterschiedliche Weise gefeiert werden: als Sonntagsgottesdienste, als Wochengottesdienste, als Wochenschlussgottesdienste, als Festgottesdienste an bestimmten Feiertagen, als Hausandachten, als Gottesdienste in der freien Natur bei Gemeindefesten oder als Abschlussgottesdienste bei kirchlichen Großveranstaltungen, um nur einige Formen zu nennen. Einen festen Platz im Leben jeder Kirchengemeinden haben Gottesdienste zu besonderen individuellen Anlässen, am verbreitetsten bei Taufen, Trauungen und Beerdigungen. In letzter Zeit ein wenig an Bedeutung verloren haben Dankgottesdienste bei Ehejubiläen oder bei runden Geburtstagen. Dafür haben neben dem traditionellen Kindergottesdienst Jugendgottesdienste und neuerdings auch Krabbelgottesdienste für Kleinkinder Konjunktur. Gottesdienste gibt es aber auch in öffentlichen Einrichtungen wie Krankenhäuser, Schulen und Gefängnissen.

Alle evangelischen Gottesdienste haben eine feste Ordnung, Liturgie (*griech.: leiton ergon = öffentliches*

Werk) genannt. Traditionell bezeichnet dieser Begriff die äußere, gemeinsame und geregelte Ausübung des Kultus; ursprünglich war in heidnischen Religionen der Opferdienst gemeint. In den ersten christlichen Jahrhunderten wurden damit sämtliche Handlungen des Priesters bezeichnet, später dann nur das gottesdienstliche Geschehen.

In den evangelischen Kirchen gibt es zwei Grundformen des Gottesdienstes, die beide ihren Ursprung im späten Mittelalter haben: die auf Luthers Gottesdienstreform zurückgehende deutsche Fassung der lateinischen Messe und der von Zwingli und den Reformierten übernommene Predigtgottesdienst in der Landessprache. Diese beiden Grundformen gibt es in den einzelnen Landeskirchen in zahlreichen Variationen. Grundsätzlich gilt, dass die lutherischen Kirchen im Anschluss an Martin Luther die Messe zu einem Gottesdienst mit Abendmahl weiterentwickelt haben, bei dem die Predigt zwar eine wichtige, aber nicht die alles dominierende Rolle spielt; die Reformierten vor allem in Südwestdeutschland und der Schweiz dagegen stellen nach wie vor die Predigt ins Zentrum des Gottesdienstes und ordnen alles andere auf diese hin. Allerdings gleichen sich in der Praxis die beiden Gottesdienstformen immer mehr einander an. Grund dafür ist einerseits das schwindende Bewusstsein für die Besonderheiten der konfessionellen Prägung zugunsten eines einheitlichen evangelischen Bekenntnisses, sowie andererseits die vielfältigen Bemühungen in den liturgischen Kommissionen der Landeskirchen, aber auch der EKD, der VELKD und der EKU um eine Vereinheitlichung der Gottesdienstordnungen. Daneben gab es auch immer schon eine lutherische Feier des reinen Predigtgottesdienstes und umgekehrt auch in den reformierten Kirchen Bestrebungen, das Abendmahl in den sonntäglichen Gottesdienst zu integrieren. Alles in allem macht man heute jedoch die konfessionelle Identität nicht mehr so sehr an den Gottesdienstordnungen fest wie zur Zeit des landesherrlichen

Kirchenregiments, als etwa der preußische König Friedrich Wilhelm III. 1816 selbst anonym eine Gottesdienstordnung verfasste, weil er mit der Arbeit der zuständigen
Kommission unzufrieden war.

Die Grundform eines Sonntagsgottesdienstes (ohne
Abendmahl) sieht folgendermaßen aus: Nach einem vom
Organisten gespielten Orgelvorspiel singt die Gemeinde
ein Eingangslied aus dem Gesangbuch. Danach tritt der
Pfarrer vor den Altar und spricht das Eingangsvotum (»Im
Namen des Vaters und des Sohnes und des Heiligen Geistes«). Dem folgt eine »Introitus« genannte Eingangsliturgie, die sich auf einige vom Pfarrer verlesene Psalmverse
beschränken kann, aber auch aus einem mehrteiligen
Wechselgesang zwischen Pfarrer und Gemeinde bestehen
kann. Dann betet der Pfarrer das Eingangsgebet, das meist
die Form eines Schuldbekenntnisses hat, und die Gemeinde singt einen so genannten Altarvers aus dem Gesangbuch. Da jede Gottesdienstordnung einer Art theologisch
durchdachter Dramaturgie folgt, kann man das Geschehen
bis hierher so deuten, dass die Gemeinde sich versammelt,
vor Gottes Angesicht tritt und bereit ist, sich für Gottes
Wort zu öffnen. Das Schuldbekenntnis im Eingangsgebet
hat dabei die Funktion, den Ballast der vergangenen Woche von sich zu werfen und sich ganz Gottes Urteil anzuvertrauen.

Daraufhin folgt als eigentliches Hauptgeschehen die
Wortverkündigung. Diese beginnt mit einer Schriftlesung.
Dabei liest der Pfarrer der Gemeinde eine für diesen Sonntag vorgeschlagene Bibelstelle, Perikope genannt, vor. Für
jeden Sonntag gibt es mehrere solcher Perikopen, je eine
aus dem Alten Testament, einen Evangelientext und einen
neutestamentlichen Lehrtext (in der Regel aus einem Brief
eines der Apostel an eine Gemeinde). Meist stimmt der
Pfarrer die Lesung auf den Inhalt seiner Predigt ab. Um
diese zu halten, steigt der Pfarrer, während die Gemeinde
das Wochenlied aus dem Gesangbuch singt, auf die Kanzel
und verliest von dort die als Predigttext vorgeschriebene

Perikope. Evangelische Theologie betrachtet es als ein Werk des Heiligen Geistes, dass die Predigthörer in den Worten des Pfarrers Gott selbst in seinem Wort zu hören vermögen. Zumindest der Theorie nach ist die Predigt demnach Auslegung von Gottes Wort; praktisch war man sich allerdings schon immer bewusst, dass gerade die Predigt das wirkungsvollste Mittel des Pfarrers ist, um sein eigenes Verständnis der betreffenden Bibelstelle der Gemeinde mitzuteilen.

In einigen Gottesdienstordnungen wird nach der Predigt von der Gemeinde das Glaubensbekenntnis gesprochen. Innerhalb der gottesdienstlichen Feier wird damit symbolisch zum Ausdruck gebracht, dass die Gemeinde durch das Hören des Wortes im Glauben bestärkt worden ist und diesen nun öffentlich bekennen möchte. In der ursprünglichen Form des Predigtgottesdienstes fehlte das Glaubensbekenntnis ganz.

Nach einem weiteren Lied folgt das große Fürbittengebet. Nach dem Hören der Predigt und dem öffentlichen Bekennen des Glaubens folgt damit derjenige Teil des Gottesdienstes, in dem die Gemeinde symbolisch nach außen tritt. Geht es im Eingangsteil des Gottesdienstes, vor allem im Eingangsgebet, um die Gemeinde selbst und ihre Vorbereitung für das Hören des Wortes, so wird im Fürbittegebet der anderen Menschen gedacht. Hier ist der Ort, um Gott um seinen Beistand in den unterschiedlichsten Weltbezügen zu bitten: um Gelingen des täglichen Lebens für sich selbst und für andere, um Besonnenheit und Weitsicht für die Menschen, die im Beruf stehen, um Klugheit für die Regierenden, aber auch um Hoffnung für die Kranken und Sterbenden. Das Fürbittegebet mündet in dem gemeinsamen Aufsagen des Vaterunsers. In diesem Gebet weiß sich jede christliche Gemeinde mit allen Christen in der Welt verbunden. In vielen Gottesdienstordnungen wird deshalb die Kollekte, eine kleine Geldspende, während eines Liedes nach dem Vaterunser eingesammelt. Man betont damit bewusst die schon seit den Anfängen der Christenheit übliche

milde Gabe für Bedürftige als Teil des Gottesdienstes. Hier
geschieht symbolisch ein Bedeutungswechsel des Gottesdienstes: Hat bis hierher Gott durch das Hörenlassen seines Wortes dem Menschen gedient, so dient nun der in seinem Glauben gestärkte Mensch dem anderen Menschen.

Zum Schluss des Gottesdienstes tritt der Pfarrer noch
einmal vor den Altar und spricht den Segen. Theologisch
korrekt bedeutet auch diese Handlung nichts anderes, als
dass der Pfarrer um den Segen Gottes für die versammelte
Gemeinde bittet und das Segenswort als Wunsch spricht:
»Der Herr segne dich und behüte dich ...«. Damit ist die
Gemeinde in den Alltag der kommenden Woche entlassen.

Dieser Gottesdienstverlauf trifft im Kern für alle Gottesdienste zu, auch für besondere Gottesdienste zu bestimmten Gelegenheiten wie etwa bei Taufen, Trauungen
und Beerdigungen.

Die beiden Sakramente

Unter Sakramenten versteht man im evangelischen Glauben so genannte »heilige« Handlungen, die Jesus selber als
Zeichen zur Zugehörigkeit zu seiner Gemeinde eingesetzt
hat. Aus den ursprünglich sieben Sakramenten der mittelalterlichen Kirche haben die Reformatoren nur zwei beibehalten: die Taufe und das Abendmahl. Beide hielt man für
biblisch gut begründet, und zumindest beim Abendmahl
konnte man auf umfangreiche Jesusworte in den Passions-
berichten des Matthäus-, Markus- und Lukasevangliums
zurückgreifen. Diese Worte finden sich auch im 1. Brief an
die Korinther, wo der Apostel Paulus ausdrücklich unter
Berufung auf Jesus dessen Worte beim letzten Abendmahl
mit den Jüngern wiederholt. Außerdem ist aus vielen früh-
christlichen Zeugnissen, nicht zuletzt in der Apostelgeschichte des Evangelisten Lukas, das so genannte »Herren-
mahl« als Zentrum des gottesdienstlichen Lebens in den
Gemeinden gut belegt.

Schwieriger ist es mit der Taufe. Jesus selbst hat nicht getauft und hat auch seinen Anhängern nicht befohlen zu taufen. Die Begründung der Reformatoren für die Beibehaltung der Taufe als Sakrament war deshalb nicht deren Einsetzung durch Jesus, sondern vielmehr ihre Rolle als sichtbares Zeichen für die Verbindung zwischen Jesus und den Gläubigen.

Die Begründungslinie lässt sich folgendermaßen skizzieren: Ein Zeitgenosse Jesu, der jüdische Prophet Johannes, genannt der Täufer, hat den Menschen die Taufe im Jordan als Reinigung von der Sünde und symbolischen Akt der Umkehr hin zu Gott gepredigt. Eines Tages kam Jesus und ließ sich von Johannes taufen. Diese Taufe wird von den Evangelisten als das erste öffentliche Auftreten Jesu dargestellt, und vor allem im Markusevangelium als dasjenige Geschehen gedeutet, in dem sich Gott zu Jesus als seinem Sohn bekennt. In Analogie zu diesem Geschehen entstand unter den ersten Christen die Praxis, durch einen symbolischen Akt der Taufe auf den Namen Jesu Christi sich zu ebendiesem Jesus Christus zu bekennen. Die Taufe wurde so zu einem Initiationsritus: Indem man sich auf den Namen Jesu Christi taufen ließ, wurde der alte Mensch im Taufwasser ertränkt und, ebenso wie Christus auferstanden war, wurde ein neuer Mensch geboren.

Somit sind in der Taufe die beiden theologischen Inhalte des (menschlichen) Bekenntnisses und der (göttlichen) Neuschöpfung aufs Engste miteinander verbunden. Allerdings wird das Verhältnis dieser beiden Inhalte zueinander die ganze Kirchengeschichte hindurch niemals abschließend geklärt. Schon die Bibel selbst kennt die Differenz zwischen der Taufe als persönlichem Bekenntnis und als Aufnahmeritus in eine andere Seinsdimension: Wenn der Hausvater zum Glauben an Jesus gefunden hatte, dann ließ er sich selbst und sein ganzes Haus, seine ganze Familie also, taufen. Nach dem Glauben der anderen Familienmitglieder wird in diesen Bibelstellen nicht gefragt; man könnte dabei so etwas wie die biblische Legitimation einer

»passiven Mitgliedschaft« sehen, wie sie in heutigen Volkskirchen häufig zu finden ist. Tatsächlich deutete man aber
die Praxis der Taufe ganzer Familien als Überführung dieser Personen in eine neue Existenz: Abkehr von der Macht
der sündigen Welt und Hinwendung zu einer anderen
Seinsdimension, die man im auferstandenen Jesus Christus verkörpert sah.

Die Reformatoren haben vor diesem biblischen Hintergrund im Blick auf die Taufe zwei für die evangelischen
Kirchen wichtige Entscheidungen getroffen. Damit haben
sie einerseits die Konturen eines evangelischen Taufverständnisses vorgezeichnet, andererseits aber den evangelischen Kirchen einen dauerhaften internen Konflikt beschert: Diese beiden Entscheidungen waren: Bejahung der
Säuglingstaufe und Ablehnung der so genannten »Wiedertaufe«. Damit ist gesagt: Die Taufe kann nur ein einziges
Mal im Laufe eines Christenlebens vollzogen werden, in
der Regel gleich nach der Geburt, und sie ist in ihrer Bedeutung vom Akt des persönlichen Bekennens vollständig
abgekoppelt.

Für das evangelische Taufverständnis hat das weit reichende Konsequenzen. Zunächst einmal bedeutete es den
Bruch mit denjenigen Strömungen innerhalb der Reformation, die die Taufe als persönliches Bekenntnis verstanden und aus diesem Grund nur Erwachsene taufen wollten.
Diese Erwachsenentaufe, so die so genannten »Wiedertäufer«, könne sogar mehrmals im Leben wiederholt werden,
sozusagen als Erneuerung des Bekenntnisses. Diese Wiedertäufer wurden vor allem von den Lutheranern hart bekämpft. Aus ihnen gingen später die Mennoniten und die
Baptisten hervor. Erst unter dem Zeichen der ökumenischen Bewegung gab es im 20. Jahrhundert erste theologische Annäherungen zwischen dem »täuferischen« Spektrum des Protestantismus und den anderen evangelischen
Richtungen.

Für das evangelische Verständnis der Taufe entscheidend war jedoch, dass die Praxis der Säuglingstaufe einen weiteren Ritus nötig macht, eben weil die Taufe vom persönlichen Bekenntnis völlig losgelöst ist. Bereits die zweite Generation der Reformatoren begründete deshalb die Konfirmation als Fest der Taufbestätigung. Dieser Zusammenhang von Taufe und Konfirmation hat sich bis heute bewährt: In der Taufe wird das Kind Gott anvertraut und zum Glied der christlichen Kirche. Die Eltern und Paten versprechen, das Kind im christlichen Glauben zu erziehen. Im Alter von etwa 12 bis 14 Jahren erfolgt dann die Konfirmation, der ein meist zweijähriger Unterricht vorausgeht. In diesem Unterricht wird der angehende Konfirmand mit den Grundlagen des christlichen Glaubens vertraut gemacht und kann für sich selbst entscheiden, ob er diesen Glauben annehmen will. In der Konfirmation bekennt er sich ausdrücklich zum Glauben und bestätigt damit den Sinn seiner Taufe.

Evangelische Kirchen sprechen deshalb mit der Konfirmation die Religionsmündigkeit aus. Der konfirmierte Christ ist vollwertiges Mitglied der Gemeinde mit allen Rechten und Pflichten, wie etwa dem Wahlrecht für Kirchenvorstandswahlen oder auch dem Recht, sich frei für die Teilnahme am schulischen Religionsunterricht zu entscheiden.

Besteht nach evangelischem Verständnis der Hauptsinn der Taufe darin, durch einen einmaligen Ritus die Mitgliedschaft in der christlichen Gemeinschaft zu begründen, so soll das Abendmahl dazu dienen, sich der Gegenwart des auferstandenen Christus immer wieder zu vergewissern.

Das Abendmahl war einer der Hauptstreitpunkte in der Reformation zwischen den Evangelischen und Katholischen, aber auch der evangelischen Konfessionen untereinander. Letztlich konnte man sich niemals auf ein einheitliches evangelisches Abendmahlsverständnis einigen und erst 1973 wurde durch die Unterzeichnung der Leuenberger Konkordie die Abendmahlsgemeinschaft zwischen lutherischen und reformierten Kirchen möglich gemacht.

Zwischen allen christlichen Kirchen ist es unstrittig, dass im Abendmahl Jesus Christus irgendwie in seiner Gemeinde gegenwärtig ist. Aber über die Art und Weise, wie dieses Gegenwärtigsein gedacht werden kann, ist es zum erbitterten Streit gekommen. Die mittelalterliche Kirche hatte im Konzil von 1215 festgelegt, dass sich Brot und Wein in Leib und Blut Christi verwandeln. Diese Verwandlung war notwendig, weil nach Vorstellung der damaligen Kirche (wie auch heute noch in der römisch-katholischen Kirche) der Kreuzestod Jesu auf Golgatha in jeder Messe wiederholt wird. Die Wandlung der Elemente wurde aber dabei so realistisch verstanden, dass die Menschen Angst hatten aus dem Kelch zu trinken, weil sie dabei Blut verschütten könnten.

Auch Martin Luther ging von einer wirklichen und eben nicht nur symbolischen Anwesenheit Jesu Christi in Brot und Wein aus, wollte sich aber nicht in Spekulationen über eine veränderte Substanz der Abendmahlselemente versteigen. Wichtiger war ihm zu betonen, dass hier kein Opfer von Golgatha wiederholt wird, sondern lediglich Gemeinschaft mit Jesus und Sündenvergebung geschieht.

Diese Vorstellung Luthers von der wirklichen Gegenwart Christi widersprach Huldrych Zwingli. Er wollte dessen Gegenwart ausschließlich symbolisch verstanden wissen und das Abendmahl als reines Erinnerungsmahl zum Gedächtnis an den Tod und die Auferstehung feiern.

Diese Unterschiede zwischen Luther und Zwingli konnten mehr als 400 Jahre lang nicht überbrückt werden und führten dazu, dass sich Lutheraner und Reformierte gegenseitig vom Abendmahl ausschlossen. Heute erscheint die Frage, ob Christus wirklich oder nur symbolisch gegenwärtig ist, immer mehr Christen als unwichtig. Wenn heute evangelische Christen Abendmahl feiern, ist für sie in erster Linie die Frage nach der Gemeinschaft mit Gott und gleichzeitig der Gemeinschaft untereinander von Bedeutung.

Der wohl strittigste Punkt zwischen eher lutherisch und eher reformiert geprägten Christen ist gegenwärtig die

Frage nach der Häufigkeit des Abendmahls im Kirchenjahr. Die Lutheraner vertraten seit jeher die Meinung, dass in jeden Hauptgottesdienst am Sonntag Vormittag die Feier des Abendmahls gehört. Die Reformierten dagegen feiern das Abendmahl nur an hohen kirchlichen Feiertagen, also nur etwa fünf oder sechs Mal im Jahr.

Evangelische Gemeinschaften und Vereine

Seit dem 19. Jahrhundert sind im Umfeld der evangelischen Kirchen eine Reihe von Vereinen und Verbände entstanden, die teilweise noch heute existieren und in der öffentlichen Wahrnehmung stark mit der Kirche insgesamt identifiziert werden. Diese Vereine und Verbände sind in der Regel entstanden, um ein bestimmtes, von den Organen der Landeskirche vernachlässigtes Anliegen in den Vordergrund zu stellen. Damit sollte die Erfüllung bestimmter Aufgaben, die von kirchlich gebundenen Menschen als wichtiger Beitrag evangelischer Christen für das Wohl der Gesellschaft betrachtet wurde, unabhängig von der Einsicht der Kirchenleitungen gesichert werden. Auch konnte es geschehen, dass freie evangelische Vereinigungen die kirchenleitenden Organe überhaupt erst auf ein Problemfeld aufmerksam machten, um dessen Lösung die Kirche bald nicht mehr herumkam.

Dieser Mechanismus, dass freie Vereinigungen überhaupt erst ein Bewusstsein für bestimmte Arbeitsfelder geweckt haben, die später dann als eine der vornehmsten Aufgaben kirchlichen Handelns wahrgenommen und entsprechend gefördert wurden, kann an der Entwicklung der Diakonie am klarsten nachgezeichnet werden.

Evangelische Christen verstehen die Diakonie als eine grundlegende Lebensäußerung der Kirche. Man kann sie als die Fortsetzung des Gottesdienstes in den sozialen Bezügen der Welt ansehen, und tatsächlich wurde es seit den frühesten Tagen der Christenheit als selbstverständlich betrachtet, dass Gottesdienst in seinen beiden Wortbedeutungen als *Gottes Dienst* an den Menschen und Dienst des Menschen im *Auftrag Gottes* an den anderen, vor allem den bedürftigen Menschen, eine Einheit bildet. So gab es immer Einzelpersonen oder Gruppen, die es als ihre Art des Gottesdienstes begriffen haben, sich über das in den Kirchen normale Maß hinaus sozial zu engagieren. Für diese Bereitschaft stehen in der evangelischen Kirche Namen wie August Hermann Francke (1663–1727) in Halle, Nikolaus Graf von Zinzendorf (1700–1760) in Herrnhut und Johann Friedrich Oberlin (1740–1826) in Steintal bei Straßburg. Sie alle gelten als Initiatoren einflussreicher evangelischer Bewegungen: Francke ist Begründer des Hallensischen Pietismus, einer sehr bibeltreuen und sozial aufgeschlossenen Frömmigkeitsbewegung, Oberlin ist der Urvater der modernen Kindergartenpädagogik, und Zinzendorf hat Missionare in die ganze Welt geschickt und mit der Herrnhuter Brüdergemeine (außerhalb Deutschlands besser bekannt als »Moravian Church«) eine noch heute existierende Kirche gegründet, die weltweit bekannt ist für ihre Sozialarbeit unter ethnischen Minderheiten wie etwa den Indianern in Mittelamerika.

Richtigen Einfluss auf die evangelischen Kirchen hatte dann aber erst die Gründung der Inneren Mission als Reaktion auf die Massenarmut in der Zeit der beginnenden Industrialisierung. Zwei evangelische Pfarrer leisteten dabei entscheidende Pionierarbeit: Der Hamburger Pfarrer Johann Hinrich Wichern (1808–1881) hatte bereits 1833 mit dem »Rauhen Haus« eine »Rettungsanstalt« für sozial und materiell vernachlässigte Jungen geschaffen. Parallel dazu entstanden unter dem Einfluss Theodor Fliedners (1800–1864) Einrichtungen für allein stehende Frauen, die ihr Leben in den Dienst der christlichen Nächstenliebe stellen wollten: die so genannten Diakonissenhäuser. Fliedner ging es dabei um die Frage, wie unverheiratete Frauen auf eine in der Gesellschaft anerkannte Weise für eine sinnvolle Tätigkeit im sozialen Bereich auch außerhalb der Kirchengemeinden herangezogen werden können. Er erkannte, dass dies unter den damaligen Bedingungen am besten in einer genossenschaftlichen Form machbar sei. Aus dieser Einsicht heraus gründete er das erste Diakonissen-Mutterhaus in Kaiserswerth bei Düsseldorf als eine Einrichtung, wo Frauen, die in die Nachfolge Jesu treten wollten, zusammen lebten und arbeiteten.

1848 erreichte Wichern auf dem Wittenberger Kirchentag die Gründung des »Centralausschusses der Inneren Mission«; damit gab es erstmals einen Dachverband, in dem alle sozialen Aktivitäten aus den evangelischen Gemeinden koordiniert werden konnten.

In der Zeit des landesherrlichen Kirchenregiments war der Verein die zeitgemäße Organisationsform, um unabhängig vom Staat, der damals noch nicht demokratisch war, arbeiten zu können. Nach 1918 machten dann die evangelischen Kirchen die in den freien Vereinen und Verbänden geleistete Arbeit zu ihrer ureigensten Aufgabe. Erst der EKD gelang es mit der Gründung des Diakonischen Werks, die Diakonie zu einem offiziellen Teil der kirchlichen Arbeit zu machen. Da große Teile der Bevölkerung die Kirchen hauptsächlich über ihre diakonischen Einrichtungen wahrnehmen, hat das Diakonische Werk in Stuttgart eine wesentlich größere Außenwirkung als das Kirchenamt der EKD in Hannover. Heute unterhält das Diakonische Werk nicht nur viele Beratungsstellen und andere Sozialeinrichtungen, sondern auch Organisationen im Bereich der Entwicklungshilfe, wie etwa »Brot für die Welt«.

Im Rückblick kann man vom 19. Jahrhundert als der großen Zeit des evangelischen Vereinswesens reden. Bereits 1832 wurde der Gustav-Adolf-Verein gegründet, der es sich zum Ziel gesetzt hat, weltweit evangelische Minderheiten zu unterstützen. Mit Hilfe dieses Vereins, der sich nach König Gustav Adolf von Schweden, dem Anführer der evangelischen Truppen im Dreißigjährigen Krieg, benannte, wurden unzählige Kirchenbauten finanziert und vielen jungen Menschen von überall her ein Theologiestudium in

Deutschland ermöglicht. Noch heute pflegt das Gustav-Adolf-Werk in seinen Zweigvereinen, die es in fast allen Landeskirchen gibt, Partnerschaften zu evangelischen Minderheitskirchen in allen Teilen der Welt.

Eine Neugründung des späten 19. Jahrhunderts ist auch der Evangelische Bund; dieser wurde 1886 zur »Wahrung der deutschen und protestantischen Interessen« gegen die damals sehr stark nach Rom orientierten Katholiken gegründet. Heute unterhält der Evangelische Bund im südhessischen Bensheim ein Konfessionskundliches Institut als Forschungsstätte, und seine in den meisten Landeskirchen existierenden Landesverbände betrachten sich als die für ökumenische Grundlagenarbeit zuständige Gruppe innerhalb der Kirche.

Dieser exemplarische Blick auf einige kirchliche Vereine und Verbände soll zeigen, dass dort eine spezifische, teilweise hoch spezialisierte Arbeit gemacht wird, die der gesamten Kirche zugute kommt. Wenige Interessierte arbeiten gründlicher als andere an bestimmten Themen oder mit bestimmten Zielgruppen und erledigen damit eine Arbeit, die nach evangelischem Verständnis zu den Lebensäußerungen der gesamten Kirche gehören sollte, aber aufgrund des in großen Organisationen unvermeidlichen Zwangs zur Prioritätensetzung ohne die Arbeit in diesen Vereinen vermutlich unerledigt bleiben würde.

Die evangelische Ethik

Grundsätzlich gilt für alle Religionen, dass die Inhalte des Glaubens auf die Bewährung im Leben der Menschen hindrängen. Sofern innerhalb einer Religion systematisch über diejenigen Glaubensinhalte nachgedacht wird, an denen sich Menschen im Umgang mit der Welt und mit anderen Menschen handlungsleitend orientieren, kann man sagen, dass die betreffende Religion eine Ethik hat. Ethik ist somit das Ergebnis eines systematischen Nachdenkens über geltende moralische Regeln und Grundsätze. Bei genauerem Hinsehen bedeutet das für jede religiös fundierte Ethik, dass die Inhalte des Glaubens im Handeln der Menschen wieder zu erkennen sind.

Es gibt Religionen, exemplarisch kann der Islam genannt werden, die sehr stark das Alltagsleben der Gläubigen regeln, bis hinein in Kleidungs- und Speisevorschriften. Andere Religionen, und hier ist der Protestantismus idealtypisch, verzichten fast gänzlich auf äußere Reglementierungen. In der Öffentlichkeit sind, anders als viele Muslime, Mitglieder einer evangelischen Kirche weder an ihrer Kleidung, noch an Essgewohnheiten, ja nicht einmal an ihrem Verhalten in bestimmten Situationen erkennbar. Dennoch ist der Protestantismus weit davon entfernt, einer ethischen Beliebigkeit das Wort zu reden. Obwohl es für die Mitglieder der evangelischen Kirche kaum direkte Verhaltensvorschriften gibt, liegt auch im evangelischen Glauben der Anspruch, dem Leben der Gläubigen in allen Alltagssituationen eine Orientierung zu geben. Der Unterschied der evangelischen Ethik zu einer streng kasuistischen Ethik, wie etwa der des Islam, besteht in erster Linie darin, dass es keine verbindliche Einzelfallregelung gibt. Vielmehr ist es Anspruch der evangelischen Christen und auch der Kirchen, dass ein der jeweiligen Situation angemessenes Verhalten Ergebnis eines Abwägungsprozesses ist, bei dem auf die Interessen aller Beteiligten Rücksicht genommen wird.

Von dem Philosophen Georg Friedrich Hegel (1770–1831) stammt der Satz, der Protestantismus sei die »Religion der Freiheit«; und auch ein neueres evangelisches Dokument aus der Zeit des Kirchenkampfes, die »Barmer Theologische Erklärung« von 1934, redet davon, dass das Evangelium von Jesus Christus »aus den gottlosen Bindungen dieser Welt« befreie.

Evangelische Christen haben die »Freiheit des Evangeliums« immer so verstanden, dass damit ein Auftrag verbunden ist: Nicht nur in der Kirche, sondern auch in allen

anderen Bereichen der Gesellschaft sollen vorhandene
Strukturen und Gebräuche kritisch hinterfragt und gege-
benenfalls verändert werden, ganz im Sinne des Apostel
Paulus, der gesagt hat: »*Alles ist mir erlaubt, aber nicht alles
dient zum Guten. Alles ist erlaubt, aber nicht alles baut auf.
Niemand suche das Seine, sondern was dem andern dient*«
(1. Korinther 10,23). Seit der Reformation ist deshalb der
Hahn auf dem Kirchturm eines der Wahrzeichen der Protestanten. Der Hahn symbolisiert das »Wächteramt« der
christlichen Gemeinde. Man verstand darunter so etwas
wie eine frühe Form dessen, was man heute Zivilcourage
nennt: Die christliche Gemeinde wacht über die Welt und
erhebt bei Bedarf ihre Stimme mit dem Ziel, ungerechte
und unfreie Zustände zu verbessern.

Natürlich ist das mit dem Hahn auf dem Kirchturm
symbolisierte Wächteramt ein Idealbild christlicher Welt-
verantwortung, und spätestens beim Blick auf die enge
Verbindung zwischen Thron und Altar in der deutschen
Geschichte muss dieses Selbstbild für große geschichtliche
Epochen relativiert werden; zumindest dann, wenn es um
die Verwirklichung der politischen Freiheit geht. Dennoch
liegt hier der stärkste Impuls, den die evangelische Ethik
der abendländischen Gesellschaft geben konnte: das Drän-
gen auf die Verwirklichung von Religionsfreiheit, und,
damit untrennbar verbunden, Gedanken- und Gewissensfreiheit. Die Tatsache, wie der Protestantismus in die Geschichte eingetreten ist, wirkt hier am meisten nach. Mit
Martin Luther hatte ein einzelner Mensch den Mut, der
geistigen Großmacht seiner Zeit, der mittelalterlichen Kirche nämlich, in wichtigen Fragen unter alleiniger Berufung auf die Heilige Schrift und auf sein persönliches Gewissen zu widersprechen. Das hat der evangelischen Ethik
eine ganz bestimmte Zielrichtung gegeben: Höchstes Gut
ist die Wahrung der Gewissensfreiheit des Einzelnen; kriti-
sche Richtschnur des einzelnen evangelischen Christen zur
Prüfung seines persönlichen Gewissens ist allein die Heilige Schrift; deshalb soll das Handeln sowohl der gesamten

Kirche als auch des einzelnen Christen immer auf die Ermöglichung der größten individuellen Freiheit für die größtmögliche Anzahl von Menschen hinzielen.

Schon Martin Luther hat in seiner 1520 geschriebenen Schrift »Von der Freiheit eines Christenmenschen« die berühmte Doppelthese aufgestellt: »Ein Christenmensch ist ein freier Herr über alle Dinge und niemandem untertan. Ein Christenmensch ist ein dienstbarer Knecht aller Dinge und jedermann untertan.« Diese Dialektik bestimmt die evangelische Ethik bis heute. Der evangelische Christ betrachtet sich als allein durch seinen Glauben innerlich befreit. Diese innerliche Freiheit des Glaubens hebt Luther ab von der äußeren weltlichen Verpflichtung eines jeden Christen. Da der Christ mit anderen Menschen zusammen in der gleichen Welt lebt, muss er immer versuchen so zu handeln, dass es den Mitmenschen größtmöglichen Nutzen bringt. Der einzige Sinn guter Werke besteht darin, dem Nächsten damit einen Dienst zu erweisen.

Im Wechselspiel zwischen Glauben und Handeln taucht damit die schon in einem anderen Zusammenhang genannte Doppeldeutigkeit des Begriffs »Gottesdienst« wieder auf: einerseits als Gottes Dienst an den Menschen, und andererseits als durch Gottes Wort motivierter Dienst des Menschen an seinen Mitmenschen. In diesem Sinne hat auch Luther seine Doppelthese konkretisiert: »Ein Christenmensch lebt nicht sich selbst, sondern in Christus und seinem Nächsten, in Christus durch den Glauben, im Nächsten durch die Liebe. Durch den Glauben fährt er über sich in Gott, aus Gott fährt er wieder unter sich durch die Liebe, und bleibt doch immer in Gott und der göttlichen Liebe.«

Ähnlich beschreibt ein jüngerer Text, die schon erwähnte Leuenberger Konkordie von 1973, den Zusammenhang zwischen Glauben und Handeln: Die Botschaft von der freien Gnade Gottes »macht die Christen frei zu verantwortlichem Dienst in der Welt und bereit, in diesem Dienst auch zu leiden. Sie erkennen, dass Gottes fordernder und

gebender Wille die ganze Welt umfasst. Sie treten ein für irdische Gerechtigkeit und Frieden zwischen den einzelnen
Menschen und unter den Völkern. Dies macht es notwendig, dass sie mit anderen Menschen nach vernünftigen
sachgemäßen Kriterien suchen und sich an ihrer Anwendung beteiligen. Sie tun dies im Vertrauen darauf, dass
Gott die Welt erhält, und in Verantwortung vor seinem Ge-
richt«.

Sowohl Luthers Schrift »Von der Freiheit eines Christenmenschen« als auch die 450 Jahre später entstandene
»Leuenberger Konkordie« leben von einer eigentümlichen
Spannung, der die evangelische Ethik letztendlich ihr eigentliches Thema verdankt: das Zusammendenken der
Freiheit des Einzelnen und der besten Gesellschaftsordnung für alle. Um diese Spannung kreisen in der Geschichte des Protestantismus die Werke großer Philosophen und
großer Theologen. In jüngster Zeit entlädt sich diese Spannung an der Zuordnung der Begriffe Freiheit und Gerechtigkeit. Dabei zeigt es sich, dass es evangelischer Theologie nicht möglich ist, das Leben des Einzelnen, der nach
größtmöglicher Freiheit strebt, isoliert zu betrachten. Der
Einzelne muss immer als Teil einer Gemeinschaft wahrgenommen werden, und die Möglichkeiten zur Freiheitsver-
wirklichung sind für den einzelnen Menschen immer dann
am größten, wenn es innerhalb der Gesellschaft möglichst
gerecht zugeht.

Dieses Bemühen um einen Ausgleich zwischen Freiheit und Gerechtigkeit durchzieht die öffentlichen Stellungnahmen der EKD seit ihrer Gründung. Dazu ist aus
den Erfahrungen des Kirchenkampfes in der NS-Zeit noch
ein weiteres Thema hinzugekommen: die Versöhnung der
früheren Gegner. Die ethischen Impulse öffentlicher Äu-
ßerungen der evangelischen Kirche nach 1945 versuchten
deshalb zwei Anliegen gerecht zu werden. Bei Stellungnahmen im wirtschaftlichen Bereich ging es vorrangig um den
Ausgleich zwischen der Freiheit des Einzelnen, worunter
auch die unternehmerische Freiheit fällt, und der Gerech-

tigkeit für alle. Dies führte zu einer Unterstützung der sozialen Markwirtschaft und hier vor allem zu einem Einsatz für die Mitbestimmung der Arbeitnehmer am Arbeitsplatz, wie dies beispielsweise in einer Studie von 1968 der Kammer der EKD für soziale Ordnung unter dem Titel »Sozialethische Erwägungen zur Mitbestimmung in der Wirtschaft der Bundesrepublik Deutschland« exemplarisch nachzulesen ist.

Bei Stellungnahmen zu politischen Fragen ging es vor allem in der Zeit des Kalten Krieges um die Versöhnung zwischen den Deutschen und ihren Nachbarn, zunächst den Polen, später mit den Völkern der ehemaligen Sowjetunion. Hier konnte die EKD 1965 mit der Denkschrift »Die Lage der Vertriebenen und das Verhältnis des deutschen Volkes zu seinen östlichen Nachbarn« eine wichtige Weichenstellung in der Politik mit vorbereiten, als sie mitten im Kalten Krieg zur Versöhnung mit Polen aufrief und dadurch mithalf, die spätere bundesdeutsche Ostpolitik vorzubereiten.

Ein anderer wichtiger Schwerpunkt evangelischer Ethik ist die Friedensethik. Das ethische Handeln der evangelischen Kirchen in Deutschland ist bis heute sehr stark von den Erfahrungen mit der Nazi-Diktatur und dem Zweiten Weltkrieg geprägt. In den Jahren nach 1945 gab es zwischen Atomwaffenbefürwortern und -gegnern sehr hart geführte Kontroversen, die manches Mal fast in der Kirchenspaltung endeten. 1958 gelang es mit der Formulierung, die Kirche müsse »die Beteiligung an dem Versuch, durch das Dasein von Atomwaffen einen Frieden in Freiheit zu sichern, als eine heute noch mögliche christliche Handlungsweise anerkennen«, einen Burgfrieden zwischen beiden Lagern herzustellen. Aber mit der Debatte um den so genannten »NATO-Doppelbeschluss« in der ersten Hälfte der 80er-Jahre brachen die Gräben wieder auf. Der Reformierte Bund forderte in seiner Schrift »Das Bekenntnis zu Jesus Christus und die Friedensverantwortung der Kirche« vom Juni 1982 »ein Nein ohne jedes Ja« zu

Atomwaffen, die Denkschrift der EKD vom Oktober 1981 mit dem Titel »Frieden wahren, fördern und erneuern« versuchte dagegen, zwischen Befürwortern und Gegnern der atomaren Rüstung zu vermitteln.

Gerade das Beispiel der Friedensethik macht die Grenzen der evangelischen Ethik deutlich. Die evangelische Kirche muss den Anspruch haben, ihren Mitgliedern in allen gesellschaftlichen Konfliktkonstellationen Orientierung zu bieten. Da es aber zu komplexen politischen oder wirtschaftlichen Fragestellungen keine eindeutigen, aus der Bibel herzuleitenden Antworten gibt, spiegelt sich in den zuständigen kirchlichen Gremien die gesamte Meinungsvielfalt der Gesellschaft wider. Da es nach evangelischem Verständnis keine menschliche Instanz gibt, die ethische Fragen abschließend und eindeutig beantworten kann, muss immer eine Linie vertreten werden, die einerseits vor dem biblischen Wort Bestand hat und andererseits mit dem Gewissen der einzelnen Christen vereinbar ist. Dabei gehört die Rücksichtnahme auf diejenigen, die in ihrem Gewissen so stark gebunden sind, dass sie Entscheidungen nicht mittragen können, schon immer zu den Grundregeln evangelischer Ethik.

Der Glaube in der Kirche

Die Gestalt der Kirche

Das Leben in der Kirche

Die katholische Ethik

Inhalte des katholischen Glaubens

Der Glaube in der Kirche

Dem pluriformen Erscheinungsbild der evangelischen Kirchen steht die katholische Kirche als in sich geschlossene, weltumspannende Institution gegenüber. Die römisch-katholische Kirche hat den Anspruch, Weltkirche zu sein. Das drückt sie durch ihren Namen aus: das griechische Wort *katholikos* bedeutet »weltumspannend«.

Die geschlossene institutionelle Form der katholischen Kirche ist kein Zufall, sondern entspricht dem theologischen Selbstverständnis des Katholizismus. Die Kirche selbst ist Glaubensgegenstand, und zum Wesen der Kirche gehört es nach katholischem Verständnis, dass das Gottesvolk von einem obersten Hirten, dem Papst, geführt wird. Der Papst als oberster Hirte beauftragt Hirten für einzelne Bezirke, die Bischöfe in ihren Bistümern. Die Bischöfe wiederum beauftragen Hirten für einzelne Gemeinden, die Priester. An dieser Stelle wird gleich ein Hauptunterschied zwischen dem Protestantismus und dem Katholizismus deutlich, nämlich die genau gegensätzliche Richtung der Beauftragung der leitenden Personen: hier von oben nach unten, nämlich vom Papst über die Bischöfe zu den Priestern; dort von unten nach oben, nämlich von den Gemeinden über die Synoden zum Bischof und den kirchenleitenden Gremien.

Aufgrund der zentralen Stellung der Kirche als Glaubensinhalt kann Glaube im Katholizismus immer nur als ein Glaube verstanden werden, der sich inhaltlich auf die innerhalb der Kirche geltende Lehre bezieht. Zu den Inhalten dieses Glaubens gehört die Tatsache, dass der Papst als Nachfolger von Petrus, einem der Jünger Jesu, über die richtige und vollständige Weitergabe der Lehre Jesu wacht.

Folgende Linie zieht die katholische Theologie von Jesus bis zum gegenwärtigen Inhaber des Papstamtes: Gott hat sich seinem Volk Israel durch den Mund der Propheten und anderer heiliger Menschen offenbart. Diese Offenbarung Gottes wurde in Jesus Christus vollendet. Das bedeutet, dass es keine über Jesus Christus hinausgehende Offenbarung geben kann. Zur Zeit seines Erdenlebens berief Jesus sich Jünger, denen er Gottes Offenbarung als Evangelium (*griech.: euangelion = frohe Botschaft*) mitteilte. Nun ist es aber ein Teil des Inhalts dieser Offenbarung, dass in ihr die geregelte Art ihrer Weitergabe schon festgelegt ist. Dafür werden zwei Textstellen im Matthäusevangelium herangezogen. Im 16. Kapitel sagt Jesus zu Simon Petrus: »*Und ich sage dir: Du bist Petrus (hebräisch: kephas = der Fels), und auf diesen Felsen will ich meine Kirche bauen, und die Pforten der Hölle sollen sie nicht überwältigen. Ich will dir die Schlüssel des Himmelreichs geben. Alles, was du auf Erden binden wirst, soll auch im Himmel gebunden sein, und alles, was du auf Erden lösen wird, soll auch im Himmel gelöst sein*« (Matthäus 16, 18.19). Im 18. Kapitel wird dann die an Petrus ergangene Verheißung der von Jesus Christus verliehenen Vollmacht an alle Jünger gerichtet, verbunden mit dem Versprechen, mitten unter ihnen zu sein: »*Wahrlich, ich sage euch: Was ihr auf Erden binden werdet, soll auch im Himmel gebunden sein, und was ihr auf Erden lösen werdet, das soll auch im Himmel gelöst sein. Wahrlich, ich sage euch auch: Wenn zwei unter euch eins werden auf Erden, worum sie bitten wollen, so soll es ihnen widerfahren von meinem Vater im Himmel. Denn wo zwei oder drei versammelt sind in meinem Namen, da bin ich mitten unter ihnen*« (Matthäus 18,18–20).

Katholische Theologie deutet den Zusammenhang dieser beiden Stellen so, dass Jesu Verheißung des Beistands sowie der Verleihung der Vollmacht über die himmlischen Schätze grundsätzlich an alle Jünger geht, aber Petrus als Fels, auf den Jesus seine Kirche gebaut hat, bekommt durch die Überreichung der Schlüssel zum Himmelreich eine Vorrangstellung. Katholischer Lehre zufolge ziehen die Jünger nach Auferstehung und Himmelfahrt Jesu als Apostel (*griech.: apostolos = der Bote*) in die Welt hinaus, um anderen Menschen das Evangelium von Jesus Christus zu predigen. Sie tun dies aufgrund der Vollmacht, die Jesus selbst ihnen gegeben hat, und sie lehren nichts anderes als das, was Jesus selbst sie gelehrt hat. Dabei gründen die Apostel eigene Gemeinden und setzen einen ihnen geeignet erscheinenden Mann als Gemeindeleiter ein, Bischof genannt. Ein Bischof bekommt von dem Apostel, der ihn einsetzt, genau das gelehrt, was Jesus selbst den Apostel gelehrt hat. Dieser Prozess wiederholt sich in der nächsten Generation: Der Bischof gibt sein Amt einem Nachfolger weiter, den er alles lehrt, was er selbst aufgetragen bekommen hat. Die Sendung der Apostel durch Jesus wird als welt- und zeitumspannend verstanden. So weit wie die Sendung muss auch ihr Träger reichen, nämlich das Kollegium der Apostel bzw. ihrer Nachfolger, der Bischöfe. Von daher sind überall dort, wohin das Evangelium gelangt, neue Bischöfe einzusetzen.

Man nennt in der katholischen Kirche diesen Prozess der rechtlich geregelten permanenten Weitergabe des Bischofsamtes »apostolische Sukzession«. Diese apostolische Sukzession ist keine Besonderheit der katholischen Kirche. Auch für die orthodoxen Kirchen und die anglikanische Kirche gehört sie zum Kirche-Sein wesentlich dazu. Das Besondere der katholischen Form der apostolischen Sukzession besteht darin, dass sie sich seit den Anfängen des Papsttums auf den Bischof von Rom konzentriert. Als Nachfolger des Petrus hat er in Gemeinschaft mit den anderen Bischöfen das Lehramt für die gesamte Kirche inne und wacht über die richtige Weitergabe der Offenbarung von Jesus Christus. In Zweifelsfällen gilt seine Auslegung als verbindlich. Außerdem müssen alle Bischöfe weltweit vom Papst ernannt und vom jeweiligen Gesandten des Papstes, apostolischer Nuntius genannt, geweiht, also in ihr Amt eingeführt werden.

Die geregelte Form der inhaltlichen Weitergabe der Offenbarung nennt man »Tradition« oder »Heilige Überlieferung«. Die Tradition ist die Summe aller Lehrentscheidungen, die jemals getroffen worden sind und bis heute gelten. Der Glaube der katholischen Kirche steht von daher

immer auf drei Säulen: der Schrift, der Tradition und dem
Lehramt. Die Zuordnung ist dabei so, dass sich das päpstli-
che Lehramt als authentische Auslegung der Heiligen
Schrift versteht und in seiner Lehrtätigkeit traditions-
bildend wirkt. Alle Lehrentscheidungen gegenwärtiger
Päpste und Konzilien sind ab dem Zeitpunkt ihres Erlasses
Teil der Tradition und damit verbindliche kirchliche Leh-
re. Der Zusammenhang zwischen Heiliger Schrift und Tra-
dition wurde in einem Text des Zweiten Vatikanischen
Konzils (1962–1965), der dogmatischen Konstitution
»Dei Verbum« (Wort Gottes), grundsätzlich klargestellt:
»Die Heilige Überlieferung und die Heilige Schrift sind eng
miteinander verbunden und haben aneinander Anteil.
Demselben göttlichen Quell entspringend, fließen beide
gewissermaßen in eins zusammen und streben demselben
Ziel zu. Denn die Heilige Schrift ist Gottes Rede, insofern
sie unter dem Anhauch des Heiligen Geistes schriftlich
aufgezeichnet wurde. Die Heilige Überlieferung aber gibt
das Wort Gottes, das von Christus dem Herrn und vom
Heiligen Geist den Aposteln anvertraut wurde, unversehrt
an deren Nachfolger weiter, damit sie es unter der erleuch-
teten Führung des Geistes der Wahrheit in ihrer Verkündigung treu bewahren, erklären und ausbreiten. So ergibt
sich, dass die Kirche ihre Gewissheit über alles Geoffenbar-
te nicht aus der Heiligen Schrift allein schöpft. Daher sollen beide mit gleicher Liebe und Achtung angenommen
und verehrt werden.«

Weil die göttliche Offenbarung in dieser geregelten
Form weitergegeben wird, ist es ein Teil des katholischen
Glaubens, dass die Lehre Jesu identisch ist mit der Lehre
der Kirche. Oder, anders gesagt: Es ist für einen katholischen Christen schwer vorstellbar, dass Jesus etwas gelehrt
haben könnte, was dem Geist der kirchlichen Lehre wider-
spricht. Aus diesem Grund ist die innere Bindung vieler
katholischer Christen an die Kirche sehr viel tiefer als bei
den evangelischen Christen. Bemerkbar wird das daran,
dass es in Deutschland weniger Austritte aus der katholi-

schen als aus der evangelischen Kirche gibt. In Ländern mit
überwiegend katholischer Bevölkerung wie beispielsweise
Polen, Irland oder Spanien gibt es kaum Kirchenaustritte.
Die Verbindung des katholischen Christen zur Kirche geschieht auf dreifache Weise: durch die gemeinsame Lehre,
durch das Zusammenleben mit dem Papst und den Bischöfen und durch das gottesdienstliche Leben.

Allerdings gibt es auch in der katholischen Kirche
Tendenzen, die Ausrichtung der gesamten Institution auf
den Bischof von Rom zu durchbrechen. Im Laufe der
vergangenen Jahrhunderte gab es viele Versuche von
einzelnen Gruppen, aber auch von ganzen Nationen, sich
aus der kirchenrechtlichen Vormachtstellung Roms zu
befreien. Das bekannteste und erfolgreichste Beispiel war
die Kirche von England im 16. Jahrhundert: Weil der
Papst die Ehescheidung König Heinrichs VIII. nicht anerkennen wollte, löste dieser die englischen Katholiken aus
dem Verbund mit Rom heraus und gründete die Church
of England, bekannt als Anglikanische Kirche. Ihrem
eigenen Verständnis nach ist die Angelikanische Kirche
eine von Rom unabhängige Kirche, die alle wichtigen
Elemente des Katholizismus bewahrt hat, vor allem die
apostolische Sukzession. Die römisch-katholische Kirche erkennt allerdings wegen der Trennung von Rom
weder die Bischöfe noch die Priester an, da sie wegen der
fehlenden Verbindung zum Papst keine nach römisch-
katholischem Verständnis gültige Weihe empfangen haben.

Weniger bekannt sind ähnliche Bestrebungen nach
größerer Unabhängigkeit in Frankreich und Deutschland,
der Gallikanismus und der Febronianismus. Letzterer war
eine starke Bewegung im deutschen Katholizismus des späten 18. Jahrhunderts. Ihr Wortführer, ein Trierer Weihbischof namens Nikolaus von Hontheim, veröffentlichte
unter dem Pseudonym Justinus Febronius ein kirchen-
rechtliches Werk, in dem er größere Autonomie der Nationalkirchen von Rom forderte und vorschlug, den Papst

nur als Ehrenvorsitzenden der katholischen Kirche ohne Rechts- und Lehrprimat anzuerkennen.

Die in neuerer Zeit folgenschwerste Loslösung von Rom geschah unter Anführung eines Theologieprofessors namens Ignaz von Döllinger und führte 1871 zur Gründung der alt-katholischen Kirche, die sich als katholische Reformkirche versteht und dem Papst die Anerkennung als Oberhaupt der Kirche verweigert. Die alt-katholische Kirche gibt es bis heute in vielen Ländern in Europa und Nordamerika. In Deutschland hat sie derzeit etwa 25.000 Mitglieder.

Gegenwärtig üben katholische Gruppen wie die »Initiative Kirche von unten« oder das »Kirchenvolksbegehren« deutliche Kritik an der zentralistischen Ausrichtung der katholischen Kirche. Allerdings geht es ihnen um innerkirchliche Reformen und nicht um die Loslösung aus der Gewalt des Papstes.

Die Gestalt der Kirche

Papst und Konzil

Die katholische Kirche versteht sich als Papstkirche. Der Papst ist als oberste Instanz in Fragen der Lehre und des Kirchenrechts Inhaber des Lehr- und Jurisdiktionsprimats für die ganze römisch-katholische Kirche sowie für einige mit Rom unierte katholische Ostkirchen in Ländern wie Griechenland, Syrien oder der Ukraine, den angestammten Gebieten der orthodoxen Kirchen. Bei so genannten »Ex-Cathedra-Entscheidungen«, also in ausdrücklicher Ausübung seines obersten kirchlichen Lehramts, genießt der Papst den Status der Unfehlbarkeit. Er residiert im Vatikan, dem Regierungssitz der katholischen Kirche. In früheren Jahrhunderten gab es auf dem italienischen Territorium einen Kirchenstaat, und der Papst hatte die gleichen Vollmachten wie jeder weltliche Herrscher. Dieser Kirchenstaat wurde 1870 aufgelöst. 1929 wurde der Vatikanstaat

(benannt nach dem Vatikan, dem Wohnsitz des Papstes
direkt neben dem Petersdom) als völkerrechtlich selbst-
ständiges Gebilde in Rechtsnachfolge des Kirchenstaates
gegründet. Der Vatikanstaat unterhält diplomatische Be-
ziehungen zu fast allen Staaten der Welt und den wichtigsten zwischenstaatlichen Organisationen wie etwa der
UNO. Die vatikanischen Gesandten haben den Status von
Botschaftern. Die Dauer der Regentschaft eines Papstes
nennt man Pontifikat.

Die päpstliche Unfehlbarkeit geht zurück auf eine
dogmatische Entscheidung des Ersten Vatikanischen Konzils von 1869/70. Diese Kirchenversammlung war der
Schlusspunkt einer jahrhundertelangen Auseinandersetzung um die Frage der Macht, die dem Papst in der Kirche
zugestanden wird; außerdem wurde damit das Verhältnis
zwischen dem Papst und dem Konzil entschieden. Beide,
Papst und Konzil, bilden zusammen die höchste Leitungs-
ebene der katholischen Kirche.

Ein Konzil ist eine Versammlung von Bischöfen und
anderen hohen Würdenträgern und kirchenleitenden Persönlichkeiten der katholischen Kirche. Es wird vom Papst
einberufen und tagt unter seinem Vorsitz über Angelegen-
heiten des Glaubens und des kirchlichen Rechts. In den
vergangenen fünf Jahrhunderten haben nur drei Konzilien
getagt: Das Konzil von Trient (1545–63), das Erste Vatikanische Konzil (1869/70) und das Zweite Vatikanische Konzil
(1962–65). Konzilien werden dann einberufen, wenn ein
die Kirche existenziell betreffendes Thema für die gesamte
Weltkirche verbindlich geregelt werden muss. Im 16. Jahrhundert war das die Frage des Umgangs mit den neu entstandenen evangelischen Kirchen. Auf dem Trienter Konzil
wurden einige der evangelischen Lehren, wie etwa die
Rechtfertigungslehre, verurteilt, und es wurde eine katholische Fassung dieser Lehre formuliert. Gleichzeitig wurden
einige Irrwege der mittelalterlichen Kirche korrigiert, wie
etwa der Brauch, dass man sich für Geld Ablassbriefe zur
Verringerung der Fegefeuerstrafe kaufen konnte. Im 19.

Jahrhundert ging es um die Frage nach der Macht des Papstes in der Kirche. Im Ersten Vatikanischen Konzil wurde die Unfehlbarkeit des Papstes zur offiziellen Kirchenlehre ernannt und das bereits 1854 von Papst Pius IX. erlassene Dogma von der »unbefleckten Empfängnis Marias« bestätigt. Im 20. Jahrhundert ging es um die Auseinandersetzung der katholischen Kirche mit den Herausforderungen der modernen Welt. Auf dem Zweiten Vatikanischen Konzil wurden deshalb einige wegweisende Lehren über die Kirche verabschiedet. Dazu gehörte, dass man begann, die Ökumene als wichtige Zukunftsaufgabe der Kirche zu begreifen und dementsprechend zu würdigen.

Zu einem Konzil werden alle Teilnehmer vom Papst an einen bestimmten Ort eingeladen. Dieser Tagungsort ist namensgebend für das Konzil. Das Konzil ist in verschiedene Untereinheiten, Sitzungen genannt, aufgeteilt. In der Vergangenheit dauerten Konzilien oft mehrere Jahre, manchmal sogar Jahrzehnte. Nach den einzelnen Sitzungen, die ein Jahr und länger dauern können, reisen die Teilnehmer wieder ab und gehen ihren Tagesgeschäften nach. Nach einiger Zeit, oft nach Jahren, werden sie zur Fortsetzung des Konzils wieder einberufen. Das Trienter Konzil beispielsweise tagte in drei Sitzungen: 1545–47, 1552/53 und 1562/63.

Im Mittelalter wurde zwischen dem Papst und den Teilnehmern der Konzilien um die Vorrangstellung innerhalb der Kirche gestritten. Der katholische Theologe Marsilius von Padua (gest. 1342) und vor allem dessen Anhänger William von Ockham (gest. 1349) vertraten die Lehre, das Konzil stehe über dem Papst. Tatsächlich konnte im 15. Jahrhundert ein innerkirchlicher Führungsstreit zwischen zwei, zeitweise sogar drei gleichzeitig regierenden Päpsten nur dadurch entschieden werden, dass ein Konzil die Möglichkeit hatte, Päpste abzusetzen bzw. über die Rechtmäßigkeit gewählter Päpste zu entscheiden.

An den Konzilien dürfen sämtliche Bischöfe und Leiter der Mönchsorden teilnehmen. Außerdem sind alle

Kardinäle teilnahmeberechtigt. Kardinäle sind Träger des höchsten Ehrentitels der katholischen Kirche, der vom Papst feierlich verliehen wird. Jeder Kardinal bekommt eine der Kirchen in Rom als so genannte Titularkirche zugewiesen, auch wenn er Bischof in einem anderen Teil der Welt ist oder als Theologieprofessor an einer Universität lehrt. Kardinäle erkennt man an ihrer roten Kleidung und der roten Kopfbedeckung, dem Birett. Die rote Farbe soll das Feuer der Liebe für die Kirche symbolisieren; ein Kardinal muss bereit sein, notfalls für den Glauben als Märtyrer zu sterben.

Viele Kardinäle sind so genannte Kurienkardinäle mit fester Residenz im Vatikan. Meist sind sie Leiter einer vatikanischen Behörde und stehen dem Papst als Berater in theologischen Fragen zur Verfügung. Die wichtigste Aufgabe der Kardinäle besteht in der Wahl des Papstes. Dazu werden alle Kardinäle, die noch nicht das 80. Lebensjahr vollendet haben, in das Konklave gerufen. Abgeschottet von der Öffentlichkeit müssen sie dort bleiben, bis sie eine Entscheidung gefällt haben. Dann treten sie mit der Ankündigung »habemus papam« (»wir haben einen Papst«) an die Öffentlichkeit und verkünden den Namen des neuen Papstes.

Historisch gehen die Anfänge des Papsttums bis in die Alte Kirche zurück. In Schriften aus dem zweiten Jahrhundert wird berichtet, der Apostel Petrus sei von Jerusalem nach Rom gekommen, habe der dortigen christlichen Gemeinde als Bischof vorgestanden und habe in Rom das Martyrium erlitten. Ab dem 5. Jahrhundert hat sich die Lehre durchgesetzt, dass dem Bischof von Rom eine Vormachtstellung über alle anderen Bischöfe zukommt. In Rom, so wurde argumentiert, sei nicht nur der Apostel Petrus als Bischof der dortigen Gemeinde begraben, sondern auch Paulus, der am Ende seines Lebens in Rom das Martyrium erlitten habe. Als Grabesstätte zweier Apostel kam Rom damit automatisch eine Sonderstellung gegenüber allen anderen Bischofssitzen zu.

Aus dem Mittelalter gibt es Abbildungen, die den Papst mit einem Schlüsselbund am Gürtel zeigen. Dies soll die im Matthäusevangelium berichtete Übergabe der Schlüsselgewalt für das Himmelreich an Petrus symbolisieren.

Der eigentliche Gründer der Macht des Papsttums ist Papst Gregor I., genannt »Gregor der Große« (590–604). Im Mittelalter entsteht ein Streit zwischen dem Kaiser und dem Papst um die weltliche Vorherrschaft. Auf der Synode von Sutri 1046 setzt Kaiser Heinrich III. drei Päpste ab. Den Höhepunkt seiner weltlichen Macht erreichte das Papsttum allerdings 1077, als dessen Nachfolger Heinrich IV. beim berühmten Gang nach Canossa Papst Gregor VII. bitten muss, den zuvor ausgesprochenen Kirchenbann zu lösen und damit seine Absetzung als Kaiser rückgängig zu machen. 1302 versucht Papst Bonifaz VIII. in der Bulle »Unam sanctam« die weltliche Vorherrschaft des Papstes verbindlich zu regeln. Allerdings hat zu diesem Zeitpunkt das Papsttum seine weltliche Macht bereits verloren.

Die gegenwärtige kirchenrechtliche Stellung des Papstes als Inhaber des Lehr- und Jurisdiktionsprimats ist ein Ergebnis der Auseinandersetzungen im 19. Jahrhundert. Im Kampf zwischen liberalen Kräften im Katholizismus und den so genannten »Ultramontanen« (*lat.: ultra montanes = jenseits der Berge*; gemeint ist Rom) setzte sich während des Pontifikats von Pius IX. (1846–1878) die »ultramontane« Richtung durch. Für den Katholizismus bedeutete dies eine Stärkung der römischen Zentralgewalt, die mit den Beschlüssen des Ersten Vatikanischen Konzils für die ganze Weltkirche verbindlich wurde.

Bischöfe

Die katholische Kirche ist weltweit in einzelne Verwaltungsbezirke unterteilt, Diözesen genannt. Jede Diözese wird von einem Bischof geleitet. Im kirchlichen Recht sind die Bischöfe Amtsnachfolger der Apostel. Sie werden vom

Papst ernannt und erhalten von diesem die Beauftragung für ihr Amt, die »missio canonica«. Bei der Leitung der Diözese ist der Bischof an die Lehre und das Recht der Kirche gebunden, untersteht also dem Papst und muss sich dessen Weisungen fügen. Auch kann der Papst Diözesen teilen, die Grenzen verändern oder neue Diözesen errichten.

Da der Bischof dem Papst untersteht, ist er diesem auch für die Art der Ausübung seines Amts verantwortlich. Zu den Aufgaben eines Bischofs gehört deshalb die Pflicht, dem Vatikan in regelmäßigen Abständen über den Zustand seiner Diözese Bericht zu erstatten. Alle Bischöfe eines Landes müssen dazu nach Rom fahren und dort die Gräber der Apostel Petrus und Paulus verehren. Danach sind der Papst und die zuständige vatikanische Behörde aufzusuchen. Zu einer solchen »visitatio liminum Apostolorum« müssen die europäischen Bischöfe alle fünf, die außereuropäischen alle zehn Jahre nach Rom fahren.

Zu den weiteren Aufgaben eines Bischofs gehört die Pflicht, jeden Sonntag für seine Diözese eine Messe zu feiern, die Anwesenheit an seiner Kathedrale während der Advents- und Fastenzeit sowie zu Weihnachten, Ostern, Pfingsten und Fronleichnam zu gewährleisten (es sei denn, er macht einen Besuch in Rom oder nimmt an einem Konzil teil). Außerdem muss er in seiner Diözese innerhalb eines Zeitraum von fünf Jahren in allen Pfarreien und sonstigen Einrichtungen und heiligen Orten durch eine Visitation seiner Dienstaufsicht nachgekommen sein.

Zu den Insignien eines Bischofs gehörten die violette Kleidung, ein Brustkreuz und ein Ring. In jeder Diözese gibt es nur einen mit der Leitung beauftragten Bischof; ihm zur Seite stehen je nach Größe der Diözese ein oder mehrere Weihbischöfe. Ein Weihbischof ist ebenfalls vom Papst ernannt, hat aber keine Diözese, in der er Leitungsaufgaben zu übernehmen hätte. Da es allerdings keinen Bischof ohne Diözese geben kann, ist der Weihbischof Titularbischof einer untergegangenen Diözese. Zur Zeit der Alten Kirche gab es vor allem im Nahen Osten und in Nordafrika eine Vielzahl von Bischofssitzen. Nach dem Siegeszug des Islam in dieser Region im 7. Jahrhundert gab es dort keine christliche Bevölkerung mehr und es konnten dorthin keine Bischöfe mehr entsandt werden. Dennoch existieren diese Diözesen im Kirchenrecht weiter und werden aufgrund der apostolischen Sukzession nach wie vor mit einem Bischof besetzt.

Jeder Bischof hat bei seiner Amtseinführung einen Treueid zu leisten. Dessen erster Satz lautet in der seit 1989 gültigen Fassung: »Ich (Name), berufen auf den Stuhl von (Ort), werde der Katholischen Kirche und dem Papst, ihrem obersten Hirten, als dem Stellvertreter Christi, dem Nachfolger des seligen Apostels Petrus im Primat und dem Haupt des Bischofskollegiums, stets treu sein.« Der vierte Satz des Treueids bezieht sich auf die Beteiligung an der Ausübung des Lehramtes: »Die Einheit der ganzen Kirche werde ich schützen und daher eifrig darauf bedacht sein, dass der von den Aposteln her überlieferte Schatz des Glaubens rein und unverfälscht erhalten wird und dass die Wahrheiten, die festzuhalten und auf das sittliche Leben anzuwenden sind, allen weitergegeben und verdeutlicht werden, so wie sie vom Lehramt der Kirche vorgelegt werden. Den im Glauben Irrenden aber werde ich mein väterliches Herz öffnen und mit allen Kräften darauf hinwirken, dass sie zur ganzen Fülle der katholischen Wahrheit gelangen.«

Mehrere Diözesen können zu einer Kirchenprovinz mit einer Provinzhauptstadt zusammengefasst sein; der Bischof mit Sitz in dieser Provinzhauptstadt trägt den Titel Erzbischof. Er hat keinen höheren Weihegrad als die anderen Bischöfe, ist diesen jedoch protokollarisch vorgeordnet. Oft, aber nicht immer, sind die Erzbistümer die ältesten Diözesen. Allerdings können auch Neugründungen zu Erzbistümern werden, wie etwa das erst nach der deutschen Wiedervereinigung gegründete Erzbistum Hamburg. Auf der anderen Seite ist Trier als älteste deutsche Bischofsstadt nicht Sitz eines Erzbistums.

Seit Mitte des 19. Jahrhunderts versammeln sich die Bischöfe je eines Landes oder einer Region zu Bischofskonferenzen. Diese Bischofskonferenzen bilden seit 1918 eine eigene Rechtsfigur im Kirchenrecht, haben aber als Gremien, die der Koordinierung der praktischen Arbeit dienen sollen, keinerlei rechtsbindende Vollmachten. Mitglieder einer Bischofskonferenz sind sämtliche Diözesan- und Weihbischöfe. Sie wählen aus ihrer Mitte einen Vorsitzenden, der in der Öffentlichkeit als Sprecher der Bischöfe auftritt. Obwohl eine Bischofskonferenz keine kirchenleitende Funktion hat, spielt sie eine wichtige Rolle bei der Vertretung katholischer Interessen innerhalb eines Landes. So unterhält die Deutsche Bischofskonferenz ein eigenes Büro bei der Bundesregierung, wo ein Beauftragter der Bischöfe Lobbyarbeit für die katholische Kirche macht. Alle europäischen Bischofskonferenzen unterhalten zu demselben Zweck gemeinsam ein Büro bei der europäischen Kommission in Brüssel.

Seit dem Zweiten Vatikanischen Konzil gibt es Bischofssynoden als vom Papst einberufene und unter dessen Vorsitz tagende Versammlungen aller Bischöfe eines Kontinents. Im Gegensatz zu evangelischen Synoden entscheiden diese Bischofssynoden nicht selber, sondern verstehen sich als reine Beratungsgremien. Mit ihrer Gründung beim Zweiten Vatikanischen Konzil sollte der Tatsache Rechnung getragen werden, dass der Papst bei der Leitung einer weltumspannenden Großorganisation wie der katholischen Kirche nicht ohne ortskundige Berater auskommen kann.

Priester und Diakone

Wie in den evangelischen Kirchen, so sind auch in der katholischen Kirche die Priester in ihrer Rolle als Ortspfarrer Bindeglied zwischen den Kirchenmitgliedern und der Kirche als Institution. Allerdings ist die rechtliche Stellung des

Priesters eine andere als die des evangelischen Pfarrers. Er ist Teil der kirchlichen Hierarchie (*griech.: hieros = heilig; archos = Herrschaft*) und vertritt somit in seiner ihm übertragenen Gemeinde die gesamte Kirche, hat also für seine Gemeinde eine ähnliche Funktion wie der Bischof für seine Diözese. Von daher haben die gemeindlichen Gremien wie etwa der Pfarrgemeinderat – anders als der evangelische Kirchenvorstand – keine kirchenleitende Funktion, obwohl die einzelnen Mitglieder gewählt werden und von der Zusammensetzung her die Gemeinde repräsentieren sollten. Der Pfarrgemeinderat ist ein reines Beratungsgremium, das den Priester durch fachkundige Personen bei Leitungsaufgaben unterstützt. Die eigentliche Leitungskompetenz innerhalb der Gemeinde kommt einzig dem Priester zu.

Die kirchenleitende Rolle des Priesters erstreckt sich zunächst und entscheidend auf den Gottesdienst. Der Priester ist verpflichtet, nach Möglichkeit täglich eine Messe zu feiern, auf jeden Fall aber am Sonntag Vormittag. Daneben muss er die Sakramente spenden. Neben der Eucharistie (Abendmahl) sind dies Taufe, Firmung, Ehe, Abnahme der Beichte und die Krankensalbung. Lediglich die Priesterweihe kann er selbst nicht spenden; dafür ist der Bischof zuständig. Anders als der evangelische Pfarrer erhält der Priester durch die Weihe einen »charakter indelebilis« (*lat.: unauslöschliches Merkmal*). Nur dieser durch die Weihe gegebene *charakter indelebilis* verleiht ihm die Vollmacht zur gültigen Spende der Sakramente, vor allem der Eucharistie.

Am augenscheinlichsten unterstrichen wird die Weihe als ein »unauslöschliches Merkmal« durch den Zölibat (*lat.: caelebs = ehelos*). Bereits im 3. Jahrhundert hat der Kirchenvater Hippolyt die Ehelosigkeit der Priester gefordert. Seit damals wurde es zum gängigen Brauch, dass ein Priester nicht verheiratet war. Kirchliches Gesetz wurde der Zölibat seit dem Laterankonzil von 1139. Die Reformation schaffte den Zölibat ab, aber die katholische Kirche behielt ihn weiterhin bei.

Biblisch begründet wird die geistliche Höherwertigkeit des Zölibats mit einer Passage aus dem Matthäusevangelium, wo Jesus nach seinen Ausführungen über Ehe, Ehescheidung und Ehelosigkeit zu seinen Jüngern sagt, manche hätten »sich selbst zur Ehe unfähig gemacht um des Himmelreichs willen« (Matthäus 19, 12). Als eher pragmatische Begründung wird eine Stelle aus dem Ersten Korintherbrief herangezogen, wo Paulus schreibt: »*Ich möchte aber, dass ihr ohne Sorge seid. Wer ledig ist, der sorgt sich um die Sache des Herrn, wie er dem Herrn gefalle; wer aber verheiratet ist, der sorgt sich um die Dinge der Welt, wie er der Frau gefalle, und so ist er geteilten Herzens*« (1. Korinther 7,32.33).

Neben dem Priester kennt die katholische Kirche noch das Amt des Diakons (*griech.: diakonein = helfen*). Das Amt begründet sich biblisch aus der Apostelgeschichte, wo den Jüngern aufgrund der vielfältiger werdenden Aufgaben in der Gemeinde Helfer zur Seite gestellt werden. In der Alten Kirche konnte das Diakonenamt von Männern und Frauen wahrgenommen werden. In der heutigen katholischen Kirche ist der Diakonat Teil des »dreigliedrigen Amtes«, das Bischof, Priester und Diakon umfasst. Seit der Diakon genau wie der Bischof und der Priester geweiht wird, ist das Amt für Frauen, die keine Weihe empfangen können, nicht mehr offen. Praktisch hat der Diakonat in der heutigen katholischen Kirche keine Bedeutung mehr. Allerdings gibt es gegenwärtig eine Diskussion innerhalb der katholischen Theologie um die Einführung des Diakonats für Frauen. Da Frauen grundsätzlich nicht zu Priesterinnen geweiht werden können, sieht man hier die Möglichkeit, ein Amt für Frauen in der Kirche zu schaffen.

Im Gegensatz zur römisch-katholischen Kirche hat die alt-katholische Kirche schon bei ihrer Gründung 1871 den Zölibat abgeschafft und darüber hinaus vor einigen Jahren auch die Priesterweihe für Frauen eingeführt.

Mönchtum und Orden

Eine wichtige Rolle im Leben der katholischen Kirche spielen die Mönchsorden. Mönche gibt es nicht nur im Christentum, sondern auch in anderen Religionen, am verbreitetsten im Buddhismus. Unter Mönchen versteht man Menschen, die entweder als Einzelgänger oder in der Abgeschiedenheit eines Klosters gemeinsam mit Gleichgesinnten nach religiöser Vervollkommnung streben. Immer ist das Mönchsleben an bestimmte Regeln gebunden, die innerhalb der Religion anerkannt sein müssen.

Das christliche Mönchtum ist fast so alt wie die Kirche selbst: Bereits im 2. Jahrhundert entsteht in Ägypten als früheste Mönchsform das Anachoretentum. Anachoreten (*griech.: anachoretäs = der zurückgezogen Lebende*), auch Eremiten (*griech.: eremis = Wüste*) genannt, sind Einzelgänger, die sich in unwirtliche Landschaften zurückziehen, um dort der Versuchung durch den Teufel und anderer Dämonen standzuhalten. Die Wüste galt schon in der Bibel als Ort, wo Dämonen wohnen und wo der Satan Jesus auf die Probe stellen will. Vorbild aller späterer Anachoreten war der Wüstenheilige Antonius, der im 3. Jahrhundert in der ägyptischen Wüste lebte. Bischof Athanasius von Alexandria machte ihn durch seine später ins Lateinische übersetzte Schrift »Das Leben des heiligen Antonius« bekannt. Allerdings waren die Anachoreten seit etwa dem 4. Jahrhundert gegenüber den Koinobiten in der Minderheit.

Das Koinobitentum (*griech.: koinonia = Gemeinschaft*) war seit dem frühen Mittelalter weit verbreitet und kann als die normale Form des Mönchtums betrachtet werden. Die Mönche leben in Gemeinschaft, meist in einem Kloster, nach genau festgelegten Regeln. Diese Regeln können bei den unterschiedlichen Mönchsgemeinschaften sehr verschieden sein. Gemeinschaften mehrerer Klöster, die nach den gleichen Regeln leben, nennt man Orden. Weltweit kennt die katholische Kirche mehrere hundert Orden; manche sind sehr klein und auf bestimmte Regionen be-

schränkt, andere haben mehrere Zehntausend Mitglieder
und sind weltweit aktiv. Der größte Mönchsorden sind
derzeit die Jesuiten mit etwa 30.000 Mitgliedern in ca. 100
Ländern; der älteste noch existierende Orden ist der Bene-
diktinerorden, der von Benedikt von Nursia (ca. 480–547)
gegründet wurde. Vermutlich 529 verfasste Benedikt die
noch heute gültigen Ordensregeln für Koinobiten (so genannte Benediktinerregeln): Die Mönche leben in einem
Kloster unter einem Abt (Klostervorsteher) gemäß dem
Wahlspruch »ora et labora« (bete und arbeite), ohne das
Kloster jemals zu wechseln.

Bis ins Mittelalter hinein waren die meisten Mönche
Laien, erst dann setzte es sich durch, dass es immer mehr
Priester gab. Unter den heute lebenden Mönchen haben
die meisten die Priesterweihe empfangen. Bei den Pries-
tern unterscheidet man deshalb zwischen so genannten
Weltpriestern und Ordenspriestern.

Jeder Mönchsorden braucht die Anerkennung des
Papstes. Um diese zu bekommen, müssen feste Regeln erar-
beitet werden, die die zuständige vatikanische Behörde ge-
nehmigen muss. Zu den Grundregeln aller Orden zählen
Armut, Ehelosigkeit und Gehorsam. Erfüllen die Regeln
die Kriterien, die für eine Anerkennung notwendig sind,
dann gilt für den Orden das Ordensrecht als besonderer
Teil des Kirchenrechts. Manche Orden bilden eine Perso-
nalprälatur. Das bedeutet, dass die Klöster nicht dem jeweiligen Diözesanbischof unterstellt sind, sondern ein
eigener Bischof für den Orden zuständig ist. Damit ist der
Orden unabhängig von den anderen kirchlichen Einrichtungen in der Diözese und der Ortsbischof hat in allen vom
Orden getragenen Einrichtungen keinerlei Einfluss.

Jedes Ordensmitglied trägt hinter seinem Namen die
Ordensinitialen. In der Regel bestehen sie aus den An-
fangsbuchstaben des lateinischen Ordensnamens. Damit
kann jeder Mönch als Angehöriger eines bestimmten Ordens identifiziert werden. So bezeichnet SJ den Jesuitenor-
den (*Societas Jesu* = *Gesellschaft Jesu*), die Dominikaner

tragen das Kürzel OP (*Ordo Praedicatorum = Predigerorden*), die Benediktiner OSB (*Ordo Sanctus Benedictus = Orden des Heiligen Benedikt*) und die Franziskaner OFM (*Ordo Fratrum Minorum = Orden der minderen Brüder*). In einigen Orden legen die Mitglieder ihren bürgerlichen Namen ab und bekommen einen Ordensnamen. Dieser Ordensname erinnert an eine heilige Persönlichkeit in der Kirchengeschichte und soll den neuen Träger dieses Namens in die mit diesem Namen verbundene Frömmigkeitstradition stellen.

Der Name eines Orden steht meist für ein bestimmtes Programm, das eng mit der Entstehungsgeschichte verbunden ist. Die Dominikaner etwa wurden im frühen 13. Jahrhundert von einem spanischen Kirchenrechtler namens Domingo Guzmán als Predigerorden mit volksmissionarischem Auftrag gegründet. Sie sollten vor allem in Spanien und Frankreich angesichts starker Oppositionsgruppen gegen die Kirche auf die Rechtgläubigkeit der Bevölkerung achten. Der Predigerorden wurde bald nach seiner Gründung mit der Durchführung der »Heiligen Inquisition« beauftragt. Der spätere Name Dominikaner leitet sich zwar offiziell von Dominicus, der lateinischen Form des Gründernamens Domingo, ab, wurde aber hin und wieder auf das Schimpfwort »cane domini« (Hunde des Herrn) bezogen. Diese Verunstaltung des Namens sagt einiges über die anfängliche Beliebtheit des Ordens unter der Bevölkerung aus. Wegen seines Auftrags, für die Rechtgläubigkeit der Bevölkerung zu sorgen, hat der Dominikanerorden immer wieder hochrangige Theologen hervorgebracht und die mittelalterliche Scholastik entscheidend geprägt.

Ähnlich war es bei den Jesuiten. Der Gründer, Ignatius von Loyola, wollte um 1540 einen Orden schaffen, der sich angesichts der sich rasch ausbreitenden Reformation die Förderung der katholischen Rechtgläubigkeit zum Ziel gesetzt hat. Durch den Aufbau katholischer Bildungseinrichtungen sollte die Ausbreitung der Reformation, die als Kri-

se des katholischen Glaubens erlebt wurde, zurückge-
drängt werden. Die Jesuiten galten von Anfang an als
besonders papsttreu, und der Orden wurde deshalb in verschiedenen europäischen Ländern verboten. Heute unterhalten die Jesuiten weltweit ein funktionierendes Netz von
katholischen Bildungseinrichtungen.

Demgegenüber wurde Franziskus von Assisi eher wider Willen zum Gründer eines Ordens. In der Zeit nach
1200 versuchte er, das Ideal der Nachfolge Jesu im Alltag zu
leben. Dazu gehörte eine tiefe Frömmigkeit, die sich vor allem in Armut bis hin zur Bedürfnislosigkeit und Demut
übte. Seine ersten Gefährten organisierten sich als so genannte »Bußbruderschaft« und zogen als Wanderprediger
übers Land. Bald waren die Anhänger des Franziskus weit
verbreitet und wurden wegen ihres radikalen Armutsideals
von der Kirche als Gefahr betrachtet. Aus Furcht vor dem
Verdacht der Ketzerei gab Franziskus den Bußbrüdern feste Ordensregeln, um die päpstliche Anerkennung als Bet-
telorden zu erreichen. Bereits zwei Jahre nach seinem Tod
wurde er 1228 heilig gesprochen. Heute hat der Franziska-
nerorden nach den Jesuiten die meisten Mitglieder. Aufgrund des nach wie vor geltenden Armutsideals sind viele
Franziskaner vor allem in sozialen Einrichtungen tätig.

Neben den nur Männern offen stehenden Mönchsorden gibt es auch Orden für Frauen. Weibliche Ordens-
mitglieder werden Nonnen genannt. Die meisten Mönchsorden gründeten noch einen weiblichen Orden, den so
genannten Zweiten Orden. Manche dieser weiblichen Orden gaben sich eigenständige Namen wie etwa die Franzis-
kanerinnen, die sich Klarissen nannten, während etwa die
Dominikanerinnen keinen eigenen Namen hatten. Ignatius von Loyola, der Gründer des Jesuitenordens, hat die
Gründung eines weiblichen Ordenszweigs stets abgelehnt.
Die heute noch knapp 9000 Mitglieder des 1834 in Regens-
burg gegründeten Ordens »Arme Schulschwestern Unserer
Lieben Frau« werden zwar hin und wieder »Jesuitinnen«
genannt, haben aber organisatorisch nichts mit dem Jesui-

tenorden zu tun. Die größten heute noch existierenden Frauenorden sind die sehr zurückgezogen lebenden »Unbeschuhten Karmelitinnen« mit knapp 13.000 Mitgliedern. Bekanntestes Mitglied dieses Ordens war Edith Stein, die in der NS-Zeit das Martyrium erlitten hat und von Papst Johannes Paul II. heilig gesprochen wurde. Daneben gibt es sehr viele kleinere Orden, beispielsweise die »Kongregation der Klosterschwestern des allerheiligsten Erlösers«, nach der Gründerin Birgitta von Schweden (1303–1373) auch »Birgitten« genannt, mit wenigen Hundert Mitgliedern.

Ordensgründungen sowohl für Männer als auch für Frauen gab es zu allen Zeiten, zuletzt sehr stark im 19. Jahrhundert. Einige der damals gegründeten Orden haben bis heute Einfluss in der katholischen Kirche, so die von Don Giovanni Bosco 1859 gegründeten Salesianer, die vor allem in Südeuropa und Lateinamerika in der Erziehung und Ausbildung von Jungen aktiv sind, oder die 1875 gegründeten Steyler Missionare sowie die 1881 in Rom gegründete »Gesellschaft des Göttlichen Heilandes«, auch Salvatorianer genannt. Die wichtigste Gründung des 20. Jahrhunderts ist die 1928 durch den inzwischen selig gesprochenen Priester José Maria Escrivá de Balaguer gegründete »Priesterliche Gesellschaft vom Heiligen Kreuz«, besser bekannt als »Opus Dei«. Das Opus Dei ist eine in vielen Ländern verbreitete geheime, hierarchisch straff geführte Organisation, die um die Mehrung des katholischen Einflusses vor allem in Medien und Bildungseinrichtungen bemüht ist.

Laien und Laienorganisationen

Durch die herausgehobene Stellung des Priesters als Inhaber eines »charakter indelebilis« ist der Katholizismus sehr stark durch den Unterschied zwischen Personen mit und ohne Priesterweihe bestimmt. Alle Personen ohne Priesterweihe nennt man »Laie« (*griech.: laós = das Volk*). Obwohl streng genommen auch einige Mönche und grundsätzlich alle Nonnen dem Stand der Laien angehören, hat sich in den katholischen Gemeinden der Begriff Laie zur Bezeichnung derjenigen durchgesetzt, die nicht in unmittelbar dem geistlichen Leben dienenden Einrichtungen der Kirche Dienst tun. Für Ordensleute, unabhängig vom Empfang der Weihe, wird die Bezeichnung Laie dagegen nicht verwendet. Unter Laien versteht man demnach sowohl einfache Glieder der Kirchengemeinden als auch professionelle Mitarbeiter in kirchlichen Einrichtungen wie etwa Krankenhäusern, Heimen und Beratungsstellen.

Die Laien bekamen für die Institution der katholischen Kirche eine besondere Bedeutung, als im 19. Jahrhundert – ähnlich wie auch in den evangelischen Kirchen – ein reges Vereinsleben entstanden ist, der so genannte »Verbandskatholizismus«. Die katholische Kirche begreift sich in ihrer Ganzheit als Volk Gottes, und deshalb gab es nie Zweifel daran, dass auch Laien für den Erfolg der kirchlichen Arbeit mitverantwortlich sind, wenn auch nicht in kirchenleitenden Ämtern. Aber gerade weil die eigentliche Leitung der Kirche grundsätzlich den Klerikern (also den geweihten Priestern und Bischöfen) vorbehalten ist, spielt sich das Betätigungsfeld der Laien auch heute noch stärker als in den evangelischen Kirchen in Vereinen ab.

Der moderne Laienkatholizismus hat seine Wurzeln in Frankreich zu Beginn des 19. Jahrhunderts. Nach der Französischen Revolution wurde die strikte Trennung von Kirche und Staat eingeführt. Da die überwiegende Mehrheit der französischen Bevölkerung katholisch war, wurde dort der Katholizismus zu einer breiten politischen Bewegung gegen die Revolution.

Diese Bewegung schwappte 1837 nach Deutschland über, als die preußischen Behörden den Kölner Erzbischof Klemens von Droste-Vischering verhafteten, weil er eine Kabinettsorder des Königs missachtete. Daraufhin entstand unter den Katholiken eine breite Protestbewegung gegen den preußischen Staat.

Den eigentlichen Durchbruch für die Laien im Katholizismus brachte das Revolutionsjahr 1848. In Mainz wurde der Piusverein »zur Erringung der religiösen Freiheit und Förderung christlicher Gesinnung« gegründet. Ein halbes Jahr nach der Gründung kamen zur ersten Generalversammlung Vertreter aus 17 Zentralvereinen und 1200 Ortsvereinen nach Mainz. Dieses Treffen ging als der erste deutsche Katholikentag in die Geschichte ein. Sämtliche Vereine, die damals entstanden, taten sich zusammen im »Katholischen Verein Deutschlands«. Dieser nannte sich 1953 um in »Zentralkomitee der deutschen Katholiken« (ZdK). Das ZdK ist heute die wichtigste Stimme der Laien im Katholizismus. Ihm gehören hochrangige Vertreter aus der Politik und dem gesellschaftlichen Leben an und es bildet so etwas wie ein Sprachrohr der katholischen Laien.

Ein anderer wichtiger katholischer Verein war der 1890 gegründete »Volksverein für das katholische Deutschland«. Der Verein zählte kurz vor dem Ersten Weltkrieg 800.000 Mitglieder und war sehr aktiv in der katholischen Bildungsarbeit. Ebenfalls im 19. Jahrhundert entstanden viele katholische Berufsvereine, die standespolitische Arbeit machten. 1849 wurde der erste katholische Arbeiterverein gegründet; ab dem Ende des 19. Jahrhunderts entstand eine eigene katholische Gewerkschaftsbewegung, die Katholische Arbeitnehmerschaft.

Ebenfalls 1849 gründete der Kölner Domvikar Adolf Kolping einen katholischen Gesellenverein, der als Kolping-Verein, später als Kolping-Werk in die Geschichte einging. Heute ist das Kolping-Werk einer der größten Laienverbände des Katholizismus. Ihm gehören nach eigenen Angaben weltweit etwa 450.000 Menschen an. Es bestehen Verbände in 52 Ländern der Erde. In Deutschland hat der Verband 275.000 Mitglieder in 2.770 Ortsgruppen, den »Kolping-Familien«. 47 Mitglieder gehören dem Bundestag an, rund 200 sind ehrenamtlich als Arbeits- und Sozialrichter tätig. Das Kolping-Werk verdankt sein rasantes Wachstum in der zweiten Hälfte des 19. Jahrhunderts seinen sozialen Initiativen wie etwa der Gründung von Sparkassen und Krankenversicherungen.

Die politische Bedeutung des Laienkatholizismus wird am deutlichsten dokumentiert durch die »Deutsche Zentrumspartei«. Sie entstand 1870/71 im Deutschen Reichstag und im preußischen Landtag als katholische Fraktion, die sich wegen ihrer politischen Position zwischen den Konservativen und den Liberalen als »Zentrum« bezeichnete. 1878 stellte das »Zentrum« die stärkste Fraktion im Reichstag; erst 1911 wurde es eine offizielle Partei. Zur Zeit der Weimarer Republik war die »Deutsche Zentrumspartei« zeitweise an der Reichsregierung beteiligt.

Der heutige Laienkatholizismus existiert nach wie vor in einer Vielzahl von Vereinen und Verbänden, die unterschiedliche Zielgruppen wie etwa Arbeitnehmer, Arbeitgeber, Frauen oder Jugendliche vertreten; die gemeinsame Interessenvertretung aller Verbände geschieht durch das ZdK. Da sich viele katholische Laienorganisationen nach wie vor als politische Interessenvertretung ihrer Klientel verstehen, muss das ZdK die Interessen nach zwei Richtungen hin vertreten: zum einen gegenüber den Bischöfen, zum anderen auch gegenüber den politischen Parteien und anderen gesellschaftlichen Verbänden. In einem Zeitraum von zwei bis vier Jahren veranstaltet das ZdK Katholikentage, zu denen jeweils mehrere Zehntausend katholische Laien, aber auch Priester und Bischöfe kommen.

Das Leben in der Kirche

Der Gottesdienst

Auch in der katholischen Kirche ist der Gottesdienst die zentrale Veranstaltung der Gemeinde. Wie der evangelische, so kann auch der katholische Gottesdienst in einem doppelten Wortsinn verstanden werden, nämlich als Dienst Gottes an den Menschen durch sein Wort bzw. seine Gegenwart, oder: die Menschen dienen Gott, indem sie das im Gottesdienst Gehörte und Erlebte in ihrem Alltag umzusetzen versuchen. Die letztgenannte Bedeutung findet sich wieder im Begriff der »Messe«. Das Wort Messe ist aus dem lateinischen *Ite, missa est* (»Geht hin, ihr seid entlassen«) abgeleitet. In dieser Aufforderung, nach dem Ende des Gottesdienstes die Kirche zu verlassen, wird die doppelte Bedeutung des Gottesdienstes sichtbar: Die Gemeinde wird entsandt, ihren im Gottesdienst gestärkten Glauben im Alltag zu bewähren.

Die Messe ist der katholische Hauptgottesdienst, in dem immer das Abendmahl, Eucharistie genannt, gefeiert wird. Eine Messe muss mindestens jeden Sonntag Vormittag stattfinden, soll jedoch auch an Wochentagen angeboten werden. Bis vor wenigen Jahrzehnten gehörte es zu den Besonderheiten des katholischen Gottesdienstes, dass die Gemeinde als eigentliches Subjekt der Gottesdienstfeier das dort Gesagte überhaupt nicht verstehen musste, ja eigentlich gar nicht anwesend zu sein brauchte. Auf dem Konzil von Trient (1545–1563) wurde in Abgrenzung zum Gottesdienstverständnis der evangelischen Kirchen, wonach die Predigt im Mittelpunkt steht, die Spende der Eucharistie ins Zentrum der Gottesdienstfeier gestellt. Dadurch wurde der Priester als Spender der Eucharistie zur zentralen Figur und die Gemeinde völlig ausgeblendet. Da nach katholischem Glauben in der Eucharistie eine Wandlung der Elemente Brot und Wein in Leib und Blut Christi stattfindet, sah man die Bedingung für die Wirksamkeit des Gottesdienstes im korrekten Ablauf der Liturgie, die überall genau gleich zu sein hatte. Die Messe musste deshalb in allen Ländern der Erde in lateinischer Sprache gehalten werden. Die Konzentration auf den Priester und den korrekten Ablauf ging noch in der 1947 von Papst Pius XII. erlassenen Enzyklika »Mediator Dei« so weit, dass eine Messe grundsätzlich auch ohne Anwesenheit wenigstens

eines einzigen Gläubigen als gültig erklärt wurde und am
Sonntag Vormittag notfalls vom Priester alleine ohne Gegenwart der Gemeinde gehalten werden musste. Die Anwesenheit der Gemeinde, so wurde in dieser Enzyklika aus-
geführt, sei allerdings sehr wünschenswert, da sie einer
Steigerung von »Glanz und Feierlichkeit« diene.

Erst das Zweite Vatikanische Konzil (1962–65) nahm
hier einige grundsätzliche Änderungen vor. Die dort anwesenden Bischöfe beschlossen in der Liturgie-Konstitution
»Sacrosanctum Concilium« nahezu einstimmig, dass die
Messe (mit Ausnahme einiger liturgischer Formeln) in der
jeweiligen Landessprache zu halten sei. Auch wurde die
Zentrierung auf den Priester teilweise zurückgenommen
und die aktive Beteiligung der Gemeinde am liturgischen
Ablauf ermöglicht. Überhaupt konnten erst seit dieser
Zeit in der katholischen Kirche neue Gottesdienstformen
wie etwa die vielfältigen Gebetstagsliturgien oder Jugendgottesdienste entstehen, weil dafür die Möglichkeit der ak-
tiven Teilnahme von Laien gegeben sein musste. In den
Jahrzehnten seit dem Konzil wurde von den neuen Möglichkeiten rege Gebrauch gemacht. Durch eine Vielzahl
von neu entstandenen Gottesdienstformen ist das Leben in
den katholischen Gemeinden sehr viel lebendiger geworden.

Diese Reform des Gottesdienstes hat allerdings den
entscheidenden Widerstand einiger konservativer Katholiken, der so genannten »Traditionalisten«, hervorgerufen.
Sie wollten weiterhin die Messe in lateinischer Sprache
nach der seit dem Trienter Konzil gültigen Ordnung abhal-
ten. Der bekannteste Sprecher der Traditionalisten war der
französische Bischof Lefebvre, der mit seinen Anhängern
dem Papst den Gehorsam verweigerte. 1988 wurde die
traditionalistische »Bruderschaft Pius X.« aus der römisch-katholischen Kirche ausgeschlossen. Einige Traditionalisten, die sich nicht von Rom trennen wollten, haben
allerdings vom Papst die Erlaubnis, die Messe weiterhin
nach vorkonziliarer Ordnung zu halten.

Die Messe als katholischer Hauptgottesdienst besteht aus drei Teilen: der Eröffnung, dem Wortgottesdienst und der Eucharistiefeier.

Die *Eröffnung* beginnt mit einem Gemeindegesang oder Orgelspiel, einer Begrüßung sowie einer Einführung in das Thema des Gottesdienstes durch den Priesters. Dem folgt ein Schuldbekenntnis mit Vergebungsbitte, das so genannte Stufengebet, die sechs- oder neunmal vorgetragene Bitte »Kyrie eleison« (Herr, erbarme dich) und das »Gloria in excelsis« (Ehre sei Gott in der Höhe) mit dem großen Lobgesang »laudamus te« (Wir loben dich). Ein Tagesgebet beschließt den Eingangsteil.

Der *Wortgottesdienst* besteht aus drei Lesungen: zunächst eine Perikope aus dem Alten Testament, dann ein Episteltext und, sozusagen als Höhepunkt, eine Lesung aus einem der vier Evangelien. Dem schließt sich eine Auslegung einer der drei verlesenen Perikopen an, Homilie genannt. Diese Homilie ist in Sonntagsgottesdiensten verbindlich vorgeschrieben, in Wochengottesdiensten kann sie entfallen. Die Homilie spielt im Gesamtablauf des Gottesdienstes keine zentrale Rolle und sollte deshalb kürzer sein als die etwa viertelstündige Predigt im evangelischen Gottesdienst; allerdings nutzen viele katholische Priester die durch sie gegebene Möglichkeit, ihre Gemeinde direkt anzusprechen. In der Praxis sieht es deshalb so aus, dass sich die katholische Homilie und die evangelische Predigt kaum voneinander unterscheiden. Als Abschluss des Wortgottesdienstes folgen ein gemeinsam gesprochenes oder gesungenes Glaubensbekenntnis und ein Fürbittengebet.

Die *Eucharistiefeier* beginnt mit einem Gesang, währenddessen der Priester die Gaben auf dem Altar bereitet. Dabei betet der Priester leise die Gebete zur Opfervorbereitung. Danach folgt das laut gesprochene Gabengebet. Anschließend folgt als eigentliches Zentrum der Eucharistie das so genannte »eucharistische Hochgebet«, auch Kanon genannt, dessen Zentrum die Einsetzungsworte sind.

Durch die Einsetzungsworte geschieht nach katholischer
Lehre die Wandlung von Brot und Wein in Leib und Blut
Christi.

Bereits 1215 wurde die Wandlung zum Dogma erhoben (»Transsubstantiationslehre«) und ist seither ein fester
Bestandteil katholischer Lehre. Diese Lehre von der Wandlung hatte zur Folge, dass ein aus Unachtsamkeit vergosse-
ner Tropfen Wein oder ein herabfallendes Krümel Brot als
eine Beschädigung des Leibes Christi betrachtet wurde.
Die Furcht, sich damit an Christus zu versündigen, führte
zu einer regelrechten Abendmahlsscheu innerhalb der Bevölkerung. Aus diesem Grund wurden als Abendmahlsbrot
dünne, leuchtend weiße Oblaten verwendet, so genannte
»Hostien« (*lat.: hostia = das zum Schlachten bestimmte Op-
fertier*). Außerdem trank nur noch der Priester aus dem
Kelch. Erst seit dem Zweiten Vatikanischen Konzil kann
den Eucharistieteilnehmern auf Wunsch wieder der Kelch
gereicht werden.

Den Einsetzungsworten des Priesters folgt ein gemeinsam gesprochenes Vaterunser und das »Agnus Dei«
als Gesang zur Brotbrechung. Vor dem Empfang des Sa-
kraments rüstet sich die Gemeinde durch ein gemeinsam
gesprochenes Gebet nach Matthäus 8,8: »Herr, ich bin
nicht würdig, dass du eingehst unter mein Dach; aber
sprich nur ein Wort, so wird meine Seele gesund«. Dann
folgt die Kommunionsspendung, danach ein Dankgebet.
Zum Schluss spricht der Priester den Segen und entlässt
die Gemeinde mit den Worten »Ite, missa est«.

Seit dem Zweiten Vatikanischen Konzil ist in den katholischen Gemeinden ein neues Verständnis des Gottesdienstes im Entstehen: Wurde früher die Bedeutung der
Messe fast ausschließlich in der unblutigen Wiederholung
des Opfers Christi auf Golgatha gesehen, so tritt heute
mehr und mehr die Freude darüber in den Vordergrund,
gemeinsam am Tisch des Herrn versammelt zu sein.

Die sieben Sakramente

Wie im evangelischen, so gibt es auch im katholischen Glauben heilige Handlungen, Sakramente genannt, die Jesus selbst als Zeichen der Zugehörigkeit zu seiner Kirche eingesetzt hat. Die Sakramente bestimmen allerdings das Leben in der katholischen Kirche in weit stärkerem Maße, als dies in der evangelischen Kirche der Fall ist. Sichtbar wird dies an der Tatsache, dass die ursprünglich sieben Sakramente der mittelalterlichen Kirche bis heute beibehalten wurden: die Taufe, die Firmung, die Eucharistie (Abendmahl), die Buße, die Krankensalbung, die Priesterweihe und die Ehe. Die Sakramente bestimmen den katholischen Glauben so stark, dass in der neueren katholischen Theologie immer mehr von der »Sakramentalität der Kirche« geredet wird. Damit soll gesagt werden, dass die Einsetzung der Kirche als solcher die eigentliche heilige Handlung Jesu war, und dass von dieser heiligen Handlung her die Einsetzung aller anderen Sakramente zu verstehen ist. Man spricht deshalb im Katholizismus von der Kirche als dem »Ursakrament«.

Der bis heute wichtigste Theologe der Katholischen Kirche, Thomas von Aquin (1226–1274), verstand die sieben Sakramente als kultische Riten und schrieb ihnen eine große Bedeutung sowohl für die individuelle als auch für die soziale Lebensdeutung zu; gleichzeitig stellte er dabei eine Reihenfolge auf, die bis heute bei der Aufzählung der Sakramente Gültigkeit hat. Diejenigen Riten, die den Menschen in seinem Personsein angehen, hat Thomas den gemeinschaftsbezogenen vorangestellt. Deshalb werden Ehe und Priesterweihe zum Schluss genannt. Diejenigen, die zu einer gelegentlichen Wiederherstellung des beschädigten Lebens dienen, hat er den dauerhaften Stützen der religiösen Existenz nachgeordnet. Deshalb stehen Taufe und Firmung, die beide nur einmal gespendet werden, vor Eucharistie, Buße und Krankensalbung. Die Krankensalbung, bis ins 20. Jahrhundert hinein als »letzte Ölung« bekannt, hat

unter den personenbezogenen Sakramenten deshalb eine
Sonderstellung, weil sie bis zum Zweiten Vatikanischen
Konzil nur Sterbenden oder sich in Lebensgefahr Befind-
lichen einmalig gereicht werden durfte. Erst seit der Neu-
ordnung 1972 ist eine Wiederholung möglich, wenn der
Kranke nach empfangener Krankensalbung wieder zu
Kräften gekommen ist und später erneut lebensgefährlich
erkrankt, oder wenn, bei Fortdauer der gleichen Krank-
heit, eine weitere Verschlechterung eintritt.

Eine Sonderstellung unter den Sakramenten hat auch
die Eucharistie. Sie gilt als das wichtigste und vollkom-
menste Sakrament, weil sie nach katholischer Lehre nicht
nur die Kraft Christi, sondern aufgrund der Wandlung von
Brot und Wein in Fleisch und Blut den ganzen Christus
enthält. Zwar ist sie eines der Sakramente, das mehr als nur
einmal gespendet wird, idealerweise sogar jeden Tag, mindestens aber einmal in der Woche; aber die durch die
Eucharistie geschaffene Gemeinschaft mit Gott wird als
dauerhafte Gemeinschaft verstanden, und die Einheit der
Kirche wird durch die bei der Feier der Eucharistie vorhandene Gemeinschaft sichtbar gemacht. Deshalb zählt in der
von Thomas von Aquin aufgestellten Reihenfolge die Eucharistie zu den dauerhaften Stützen der religiösen Existenz.

Die gemeinschaftsbezogenen Sakramente Ehe und
Priesterweihe können nur einmal empfangen werden, und
niemals beide von der gleichen Person. Aufgrund des Zölibats, der verordneten Ehelosigkeit für Priester, schließen
sie sich gegenseitig aus. Da das Priesteramt ausschließlich
Männern vorbehalten ist, können Frauen nur das Sakrament der Ehe, niemals aber das der Priesterweihe erhalten.
Grundsätzlich kann deshalb ein einzelner Mensch niemals
sämtliche sieben Sakramente empfangen.

Gilt die Eucharistie als das wichtigste und vollkom-
menste Sakrament, so kann die Taufe als das grundlegende
Sakrament bezeichnet werden. Nach katholischem Verständnis gliedert die Taufe den Täufling, egal welchen Al-

ters, in die Kirche ein. An dieser Stelle unterscheidet die katholische Theologie sehr genau zwischen der Kirche als dem mystischen Leib Christi und der Institution der römisch-katholischen Kirche. Grundsätzlich ist jeder Getaufte Glied am Leib Christi, und zwar auch dann, wenn er nicht in der katholischen Kirche getauft worden ist. Die Taufe ist also das einzige Sakrament, das man nicht in der katholischen Kirche empfangen haben muss; auch eine evangelische Taufe ist nach katholischem Verständnis gültig, wenn sie »rite« (*lat.: nach der Ordnung*) vollzogen worden ist. Die Taufe gilt deshalb als das »ökumenische« Sakrament.

Die Taufe wird in der Regel in einem extra dafür anberaumten Taufgottesdienst vollzogen, bei dem neben dem Täufling der Priester, die Eltern sowie die Taufpaten anwesend sein müssen. Der Taufritus ist dann gültig, wenn er mit vom Priester geweihtem Wasser vollzogen wird und die Einsetzungsworte aus Matthäus 28,18 – 20 gesprochen werden: »*Christus spricht: Mir ist alle Macht im Himmel und auf Erden gegeben. Darum gehet zu allen Völkern und macht alle Menschen zu meinen Jüngern, tauft sie auf den Namen des Vaters und des Sohnes und des heiligen Geistes und lehrt sie, alles zu befolgen, was ich euch geboten habe. Und ich bin bei euch alle Tage bis zur Vollendung der Welt.*«

Da in der Taufe die Verbindung des Täuflings mit Christus hergestellt wird, bedeutet die Taufe eine Absage an die Mächte der Welt, symbolisiert durch den Teufel und die Dämonen. Zur Taufe in der katholischen Kirche gehört deshalb traditionell eine Teufelsaustreibung, der so genannte »kleine Exorzismus«. Dieser Aspekt der Taufe tritt allerdings seit dem Zweiten Vatikanischen Konzil in den Hintergrund; im Vordergrund moderner katholischer Tauftheologie steht neben der Eingliederung in die Gemeinde der Anfang einer Glaubensgeschichte, die in den Glauben der katholischen Kirche führen soll.

Die weitere sakramentale Station in dieser Glaubensgeschichte ist die Firmung. Sie hat eine ähnliche Funktion

wie die Konfirmation in der evangelischen Kirche, nämlich
den als Kleinkind Getauften im frühen Jugendalter die
Taufe bestätigen zu lassen. Theologisch hat die Firmung
den Sinn, durch Handauflegung des Bischofs (in der Regel
aber des Priesters) den zuvor Getauften vollkommen mit
der Kirche zu verbinden. Da, wie beschrieben, Glaube nach
katholischem Verständnis immer ein Fürwahrhalten der
innerhalb der Kirche geltenden Lehre bedeutet, versetzt
die in der Firmung durch Handauflegung vermittelte Gabe
des Heiligen Geistes den Firmling in die Lage, seine eigene,
am Tag der Taufe begonnene Glaubensgeschichte so zu gehen, dass er mit seinem Glauben auch tatsächlich bei den
Glaubensinhalten der Kirche ankommt.

Wohl kaum etwas hat in den Jahrhunderten seit der
Reformation so stark als Erkennungszeichen des Katholizismus gedient wie der Beichtstuhl. Er ist sichtbares Zeichen für ein Sakrament, um dessen Sinn auch die evangelischen Christen wissen: das Bußsakrament. Luther wollte
die Buße als Sakrament beibehalten und lediglich die so genannte »Ohrenbeichte« abschaffen. Für den katholischen
Christen ist das Bußsakrament ein wichtiger Orientie-
rungspunkt für die individuelle Glaubensgeschichte, die in
der Taufe begann und durch die Firmung endgültig auf den
Weg der Kirche geführt wird. Da es bei der Buße um Reue
für begangene Sünden geht, spricht man auch vom Sakrament der Wiederversöhnung.

Wenn das Wesen des katholischen Glaubens als ein
Zusammenklang von individuellem Glauben und dem
Glauben der Kirche verstanden werden kann, dann liegt
der Sinn des Bußsakraments darin, dem vom Weg abirren-
den Gläubigen wieder einen Weg zurück zum Glauben der
Kirche zu bahnen. Die notwendigen Mittel, um wieder
zum Glauben der Kirche zurückzufinden, werden dem
Gläubigen in der Beichte vom Priester zur Verfügung gestellt. Dazu legt der zur Buße entschlossene Christ, Pönitent (*lat.: poenitentia = Buße*) genannt, vor dem Priester
ein Sündenbekenntnis ab, dem sich ein klärendes und weg-

weisendes Beichtgespräch zwischen Pönitent und Priester anschließt. Am Ende dieses Gesprächs legt der Priester dem Pönitenten ein angemessenes Bußwerk auf. Diese Bußwerke können in dem Sprechen mehrerer Gebete, dem Besuch von Wallfahrtskirchen oder guter Werke der Nächstenliebe liegen. Nach einem Reugebet des Pönitenten legt der Priester die Hand auf den Kopf des Gläubigen und spricht eine Lossprechungsformel, Absolution genannt.

Neben der Einzelbeichte gibt es auch gemeinschaftliche gottesdienstliche Versöhnungsfeiern, wo alle Anwesenden ein allgemeines Schuldbekenntnis sprechen und Generalabsolution erteilt wird. Allerdings kann eine Generalabsolution niemals die Einzelbeichte vollständig ersetzen.

Heiligenverehrung

Im Zentrum des christlichen Glaubens steht der Glaube an die Auferstehung Jesu von den Toten. Jede christliche Kirche gleich welcher Konfession vertritt deshalb in ihrem Glaubensbekenntnis die Hoffnung auf ein Weiterleben nach dem Tod, also eine irgendwie geartete himmlische Existenz. Die katholische Kirche spricht deshalb nicht nur von der irdischen, sondern auch von der himmlischen Kirche. Dabei werden irdische und himmlische Kirche als eine Einheit betrachtet, was es möglich macht, verstorbene Christen um Hilfe anzurufen, genauso wie man für verstorbene Angehörige beten kann.

Die Einheit von irdischer und himmlischer Kirche ist Grundlage für die Heiligenverehrung. Unter Heiligen versteht man in der katholischen Kirche bereits verstorbene Menschen, die sich durch besonderen Glaubenseifer und Werke der Nächstenliebe hervorgetan haben. Dabei muss nachgewiesen sein, dass die besonderen Taten tatsächlich Ausdruck des christlichen Glaubens waren und nicht aus anderen Motiven herrührten. Um diesen Nachweis zu füh-

ren, wird von der römischen Kongregation für die Heilig-
sprechungen, einer eigens für diesen Zweck eingerichteten
Vatikanischen Behörde, ein förmliches Kanonisierungs-
verfahren durchgeführt. Nach Abschluss des Verfahrens
liegt die Entscheidung über die Heiligsprechung beim
Papst.

Heilige gelten als Leitbilder christlicher Existenz und
sind darin vorbildliche Glieder der katholischen Kirche.
Als solche können sie von den anderen Gliedern der Kirche
verehrt und um Fürsprache angerufen werden. Allerdings
dürfen sie nicht angebetet werden, denn Anbetung kommt
allein Jesus Christus zu. Als Glieder der himmlischen Kirche beten die Heiligen für die derzeit lebenden Menschen
als Glieder der irdischen Kirche. Die Verehrung der Heiligen ist nach einem Heiligenkalender geregelt, nach dem je-
dem Heiligen ein bestimmter Tag zukommt. Daneben gibt
es oft regionale Brauchtumsformen zur Verehrung eines
bestimmten, für die jeweilige Region besonders wichtigen
Heiligen.

Eine Vorstufe zur Heiligsprechung ist die Seligsprechung. Wenn aus einer Region der Antrag gestellt wird,
einen Verstorbenen, der auf besondere Art und Weise
Vorbild im Glauben ist, heilig zu sprechen, eröffnet die
Kongregation für die Seligsprechung das Verfahren. Wird
der Antrag als begründet anerkannt, weil der Person im religiösen Leben der Region bereits eine große Bedeutung
zukommt, folgt nach eingehender, oft jahrelanger Prüfung
die Seligsprechung. Die betreffende Person kann dann regional verehrt werden. Der Seligsprechung kann die Heiligsprechung als nächster Schritt folgen. Der Unterschied
zwischen dem Seligen und dem Heiligen besteht darin,
dass der Heilige von der gesamten Weltkirche verehrt werden kann, der Selige jedoch nur in der Region, die mit dem
Seligen besonders verbunden ist.

Marienverehrung

Die Marienverehrung ist eine besondere Form der Heiligenverehrung. Bereits in der Alten Kirche kam Maria als leiblicher Mutter Jesu besondere Verehrung zu. Da Jesus Christus nach dem Glaubensbekenntnis »ganz Mensch und ganz Gott« ist, wurde die Gottesmutterschaft Mariens bereits 431 auf dem Konzil von Ephesus zum Dogma erhoben. Auf dem Konzil von Konstantinopel 553 wurde ihre jungfräuliche Empfängnis und immer während Jungfrauenschaft dogmatisiert. Aufgrund dieser beiden Dogmen erfuhr Maria vor allem in der Volksfrömmigkeit des Mittelalters tiefe Verehrung. Seit dem Konzil von Trient (1545 – 1563) wurde die Marienverehrung immer mehr zum eigenständigen Zweig der katholischen Theologie, der Mariologie. Vor allem im 17. Jahrhundert gab es theologische Auseinandersetzungen darüber, ob Maria neben Jesus Christus, der im Christentum als alleiniger Erlöser betrachtet wird, eine Rolle als Mit-Erlöserin zukommt.

Erst im 19. und 20. Jahrhundert wurde Maria durch zwei weitere Dogmen aus der Reihe der Heiligen besonders hervorgehoben. 1854 verfügte Papst Pius IX. die unbefleckte Empfängnis Mariens und damit ihre Freiheit von der Erbsünde, der ansonsten jeder Mensch – auch die anderen Heiligen – unterworfen ist. 1950 schließlich wurde von Papst Pius XII. das Dogma von der leiblichen Aufnahme Marias in den Himmel erlassen. Seit dem Zweiten Vatikanischen Konzil wird die Mariologie als Teil der Kirchenlehre behandelt. Katholische Theologen warnen davor, die Bedeutung Marias zu überschätzen; dennoch spielt die Marienfrömmigkeit in vielen katholisch geprägten Ländern, beispielsweise in Polen, eine herausragende Rolle.

Wallfahrten

Ein besonderer Ausdruck katholischer Volksfrömmigkeit sind die Wallfahrten. Unter Wallfahrten versteht man Pilgerreisen zu heiligen Orten, an denen ein Wunder oder eine Erscheinung stattgefunden haben soll. Für die Anerkennung eines Ortes als Wallfahrtsort gelten ähnliche Bedingungen wie für die Selig- und Heiligsprechung von Personen: die Bedeutung als heiliger Ort muss gut dokumentiert sein, in der Regel durch die Aussage mehrerer Zeugen.

Das Wallfahrtswesen hängt eng mit der Marienfrömmigkeit zusammen. Vor allem im 19. und 20. Jahrhundert sind viele Wallfahrtsorte entstanden, an denen von Marienerscheinungen berichtet worden ist, so etwa in La Salette (1846), Lourdes (1858) oder Fatima (1917). Aufgrund der Popularität Marias wurden solche Marienerscheinungsorte zu Massenwallfahrtsorten mit oft mehreren Hunderttausend Besuchern pro Jahr.

Neben den neueren Marienwallfahrtsorten gibt es bereits seit den Zeiten der Alten Kirche Wallfahrten nach Rom zu den Apostelgräbern. Seit dem frühen Mittelalter sind Wallfahrten nach Santiago de Compostella in Galizien dokumentiert, wo sich das Grab des Jesus-Jüngers Jakobus befinden soll. Und auch die Kreuzzüge ab dem 11. Jahrhundert verstanden sich als Wallfahrten. Seit dem Mittelalter gibt es Wallfahrten zu Reliquien, also zu heiligen Gegenständen. In diese Kategorie fallen die immer wieder im Abstand von einigen Jahren veranstalteten Heilig-Rock-Wallfahrten nach Trier oder die Wallfahrten nach Turin, wenn die »Sindone«, das Grabtuch Christi, dort ausgestellt wird. Wallfahrten gelten in der katholischen Kirche als eine besonders intensive Frömmigkeitsform. Sie werden liturgisch reichhaltig ausgestaltet mit Gottesdiensten, Meditationen und gemeinsamem Beten und Singen.

Der meistbesuchte katholische Wallfahrtsort der Welt ist das mexikanische Guadelupe mit 14 Millionen Pilgern jährlich. Mit 7,5 Millionen Besuchern folgt das süditalienische San Giovanni Rotondo, der Wohn- und Sterbeort des in Italien äußerst populären Pater Pio, der 1999 selig gesprochen wurde. An dritter Stelle in der Statistik der Wallfahrtsorte rangiert das brasilianische Aparecida mit jährlich 7,3 Millionen Pilgern. Es folgen mit jeweils etwa fünf Millionen Besuchern Stätten wie Lourdes und Montmartre in Frankreich, Tschenstochau in Polen, Fatima in Portugal, Lujan in Argentinien und Padua in Italien. Gleich dahinter kommt das schon erwähnte Santiago de Compostella in Spanien sowie Assisi und Loreto in Italien. Ins Heilige Land pilgern dagegen jährlich nur etwa zwei Millionen Gläubige, ebenso viele wie zum »afrikanischen Petersdom« in Yamoussoukro an der Elfenbeinküste. Insgesamt sind nach Schätzungen jährlich etwa 40 Millionen Pilger weltweit zu den katholischen Wallfahrtsorten unterwegs.

Die katholische Ethik

Anders als die evangelische Ethik, die das Handeln des Gläubigen in der Freiheit seines Gewissens begründet und am Wort der Bibel orientiert sieht, begreift sich die katholische Ethik als kirchliche Lehre, die es mit objektiven Kriterien zu tun hat. Genau wie jeder andere Teil der kirchlichen Lehre wird auch das, was in der Ethik gilt, durch Beschlüsse des päpstlichen Lehramtes vorgegeben. In der dogmatischen Konstitution des Zweiten Vatikanischen Konzils »Lumen Gentium« ist das Wachen über den Zusammenhang zwischen der Ethik und allen anderen kirchlichen Lehren als Aufgabe der Bischöfe beschrieben: »Sie [die Bischöfe] verkünden dem ihnen anvertrauten Volk die Botschaft zum Glauben und zur Anwendung auf das sittliche Leben.«

Ziel der katholischen Ethik ist es, die Lehre der Kirche in den Handlungen der Menschen wirksam zu machen. Da die Lehre der Kirche den Anspruch hat, eine Wirklichkeit zu beschreiben, die alle Bereiche des Daseins umfasst, kann

das päpstliche Lehramt auch grundsätzlich alle menschlichen Handlungen danach beurteilen, ob sie gut oder böse,
gerecht oder ungerecht sind. In diesem Sinne meldet sich
das Lehramt auch immer in gesellschaftlichen Konflikt-
situationen zu Wort. Am wirkungsvollsten ist dies 1968
mit der päpstlichen Enzyklika »Humanae vitae« geschehen, wo die Empfängnisverhütung für Katholiken verboten worden ist, oder in jüngster Zeit besonders deutlich in
Deutschland, als der Papst den katholischen Bischöfen verboten hat, in der gesetzlichen Schwangerenkonfliktbera-
tung Bescheinigungen auszustellen, die zu einer Abtreibung berechtigen.

Greift in einem ethischen Konflikt das päpstliche
Lehramt ein, dann können die einzelnen Betroffenen sich
bei ihren Handlungen nicht mehr auf ihr Gewissen berufen. In aller Regel gibt es dann keine Handlungsalternative
mehr, weil ein konkreter Einzelfall abschließend entschieden worden ist. Diese abschließende, für alle verbindliche
Entscheidung ist deshalb möglich, weil nach katholischem
Verständnis das Lehramt bei seiner Entscheidungsfindung
nicht nur auf das biblische Wort zurückgreift, sondern
auch auf objektive, quasi naturgegebene Gesetzmäßigkei-
ten, nämlich das so genannte »Naturrecht«.

Das Naturrecht ist eine ethische Theorie vom »richtigen« Recht. Damit soll gesagt sein, dass es unabhängig von
demokratisch zustande gekommenen gesetzlichen Regelungen eine Form des Rechts gibt, die direkt aus der Ordnung des Daseins abzuleiten ist. Der katholische Christ
fühlt sich deshalb nicht nur den zufällig geltenden Gesetzen innerhalb des Gemeinwesens verpflichtet, sondern
mehr noch jenem höheren Recht, das direkt von Gott in
seine Schöpfung hineingelegt worden ist. Man spricht daher vom Naturrecht auch als der von Gott geschaffenen na-
türlichen Ordnung der Dinge.

Zu den grundlegenden Tatsachen des katholischen
Naturrechts gehört die Einsicht, dass der Mensch von Gott
als soziales Wesen geschaffen worden ist. Ebenso gilt die

unverlierbare Menschenwürde ab dem Tag der Zeugung als unhintergehbare Tatsache. Daraus ergibt sich die kompromisslose Haltung der katholischen Kirche in der Frage der Abtreibung und überhaupt in der Sexualethik. Aber gerade in der Frage der Sexualethik berührt sich die naturrechtliche mit der theologischen Begründung. So ist die Ehe ein Sakrament und damit eine Gnadenhandlung Gottes. Der primäre Zweck der Ehe besteht nach einem lehramtlichen Dokument aus dem Jahr 1944 in der Erzeugung und Erziehung von Nachkommenschaft, der sekundäre Zweck ist die gegenseitige Hilfe und die sittlich geordnete Befriedigung des Geschlechtstriebs. Gleichzeitig wird verfügt, dass der sekundäre Zweck dem primären »wesentlich untergeordnet« werden soll. Diese Lehre vom »Ehezweck« wurde durch das Zweite Vatikanische Konzil modifiziert, indem die Unterordnung der menschlichen Liebe unter den Fortpflanzungszweck zugunsten einer Gleichwertigkeit beider Komponenten relativiert wurde. Nur wenige Jahre später wurde allerdings in der Enzyklika »Humanae vitae« das Verbot einer künstlichen Empfängnisverhütung verfügt. Gerade in der Frage der Ehe und Sexualität schwankt die katholische Ethik zwischen einer theologischen Begründung, die bereit ist, Liebe und Sexualität als eine gute Gabe Gottes zu betrachten, und einer naturrechtlichen Begründung, die Sexualität nur in der Institution Ehe zum Zweck der Fortpflanzung akzeptieren kann.

Die naturrechtliche Einsicht, dass der Mensch als soziales Wesen existiert, ist Grundlage der katholischen Soziallehre. Die katholische Soziallehre ist ein System von Ordnungsvorstellungen, das die gesamte Gesellschaft umfasst und aus der Perspektive katholischer Theologie und Naturrechtslehre umfassend deutet. Grundlage sind die seit dem ausgehenden 19. Jahrhundert veröffentlichten päpstlichen Lehrschreiben.

Auslöser war die sich etwa seit den 30er-Jahren des 19. Jahrhunderts in Europa rasant ausbreitende Industrialisierung. Diese führte nicht nur zur Veränderung der So-

zialstruktur, sondern auch zur Ausbreitung moderner
Ideologien wie dem Liberalismus und vor allem dem Sozialismus. Mit der katholischen Soziallehre versuchte die
Kirche, durch eine eigene Wissenschaft von der Gesellschaft diesen als gefährlich betrachteten Ideologien eine
katholische Alternative entgegenzusetzen.

Den Anfang machte 1891 Papst Leo XIII. mit der
Enzyklika »Rerum novarum«. Sein Thema war die Arbei-
terfrage, und sein Hauptgegner die marxistische Gesell-
schaftskritik. 40 Jahre später, unter maßgeblicher Mitar-
beit der deutschen Jesuiten Gustav Gundlach SJ und
Oswald von Nell-Breuning SJ entstanden, veröffentlichte
Papst Pius XI. die Enzyklika »Quadragesimo anno«. In dieser Enzyklika wird eine ausgereifte katholische Sozialtheo-
rie geboten, in der neben der Frage nach dem gesellschaftlichen Sinn der Arbeit die Eigentumsfrage und vor allem
die Ethik im Beruf verhandelt wird. In der 1961 von Papst
Johannes XXIII. veröffentlichten Enzyklika »Mater et ma-
gistra« geht es um die Frage der Gestaltung des christlichen
Lebens im Sinn der kirchlichen Lehre. Papst Johannes Paul
II. hat zwei Sozialenzykliken veröffentlicht: 1981 »Labo-
rem exercens«, wo es unter dem Eindruck der streikenden
Arbeiter im damals sozialistischen Polen um den Sinn
menschlicher Arbeit geht, und 1991, zum 100. Jahrestag
vom »Rerum novarum«, die Enzyklika »Centesimus an-
nus«, wo er die Ereignisse des Jahres 1989 analysiert und
nach dem Sieg des Kapitalismus über den Sozialismus vor
dem »Konsumismus« und den drohenden ökologischen
Problemen warnt.

Die katholische Soziallehre hat in der Zeit der System-
auseinandersetzung immer einen kritischen Abstand sowohl zum Kapitalismus als auch zum Sozialismus gehalten.
Dabei hat sie immer die Hauptgefahr in einem zügellosen
Individualismus gesehen, der letztendlich nur zum Egois-
mus und der Zerstörung der Gemeinschaft führen kann.
Aus diesem Grund versteht sich die katholische Ethik als
ausgesprochen gemeinschaftsorientiert und fördert auf-

grund ihrer naturrechtlichen Tradition als natürlich betrachtete Gemeinschaften, allen voran die Familie. Die Familie erscheint in der katholischen Ethik als Keimzelle der Gesellschaft. Allein hier ist die natürliche, von Gott gewollte Möglichkeit zur Entwicklung einer sittlichen Persönlichkeit gegeben.

Aufgrund der Verfasstheit des Menschen als sittliches und soziales Wesen rechnet katholische Ethik außerdem damit, dass die Gesellschaft dann am besten funktioniert, wenn Entscheidungen dort getroffen werden, wo Menschen von den Auswirkungen direkt betroffen sind. Diese Einsicht ist die Grundlage des »Subsidiaritätsprinzips«, das als Prinzip der katholischen Soziallehre Einlass in das Grundgesetz der Bundesrepublik Deutschland gefunden hat. Das Subsidiaritätsprinzip besagt, dass in gegliederten Sozialverbänden immer die von unten sich aufbauenden Einheiten in ihrer Selbstständigkeit zu fördern sind. Wenn übergeordnete Steuerungsinstanzen eingreifen müssen, dann sollen sie dies nicht so tun, dass sie die Kompetenz an sich reißen, sondern so, dass sie »Hilfe zur Selbsthilfe« leisten. Im politischen Bereich steht damit die katholische Ethik für eine konsequente Förderung föderaler Strukturen. Das mag ein wenig verblüffen, weil die katholische Kirche selbst sehr zentralistisch organisiert ist. Allerdings ist das kein Widerspruch zum Subsidiaritätsprinzip, denn die katholische Kirche betrachtet sich nicht als politisches System, sondern als religiöse Organisation. Und gerade im modernen Katholizismus weiß man genau um den Unterschied zwischen Religion und Politik.

Ein weiterer wichtiger Grundsatz der katholischen Soziallehre ist das Recht eines jeden Menschen auf Eigentum. Dieser Grundsatz ist entscheidend für die katholische Wirtschaftsethik, denn mit der Bildung von Eigentum ist gleichzeitig die Nutzung des Eigentums zum Wohle der Allgemeinheit untrennbar verbunden. Wo das Eigentum für jeden Menschen natürliches Recht ist und zu einem Grundpfeiler der Gesellschaftsordnung wird, muss sich

Widerspruch regen gegen Bestrebungen, große Mengen an Eigentum in unpersönlichen Organisationen zu konzentrieren, seien es Staaten oder Kapitalgesellschaften. Von daher ist es verständlich, dass die katholische Kirche zur Zeit der Systemauseinandersetzungen immer gegen den Staatssozialismus des Ostblocks eingestellt war; allerdings ist es genauso verständlich, dass in der katholischen Kirche ein grundsätzliches Misstrauen gegen als unpersönlich empfundene Kapitalgesellschaften vorhanden ist: In beiden Fällen scheint aus katholischer Sicht das Recht eines jeden Menschen auf Eigentum und vor allem der unternehmerische Gebrauch des Eigentums gefährdet. Im Falle des Sozialismus deshalb, weil der Staat die Bildung von Eigentum verhindert; im Falle des ungezügelten Finanzkapitalismus deshalb, weil die Kapitalgesellschaften das unternehmerische Handeln nicht mehr als Handeln von Personen im Dienste anderer Personen erkennbar machen.

Weiterführende Literatur

Arno Anzenbacher: Christliche Sozialethik. Einführung und Prinzipien, Paderborn u. a. 1998.

Reinhard Frieling: Katholisch und Evangelisch. Informationen über den Glauben (Bensheimer Hefte 46), 8., neubearbeitete Aufl., Göttingen 1999.

Reinhard Frieling / Erich Geldbach / Reinhard Thöle: Konfessionskunde. Orientierung im Zeichen der Ökumene (Grundkurs Theologie, Bd. 5.2), Stuttgart u. a. 1999.

Alexandre Ganoczy: Einführung in die katholische Sakramentenlehre, 2. Aufl., Darmstadt 1984.

Wilfried Härle: Dogmatik, Berlin / New York 1995.

Eilert Herms: Erfahrbare Kirche, Tübingen 1990.

Eilert Herms: Kirche für die Welt, Tübingen 1995.

Theodor Herr: Katholische Soziallehre. Eine Einführung, Paderborn 1987.

Martin Honecker: Grundriss der Sozialethik, Berlin / New York 1995.

Thomas Jakubowski / Martin Schuck (Hrsg.): Arbeiten im Weinberg des Herrn. Amt und Kirche zwischen Gestern und Morgen, Speyer 1999.

Joseph Kardinal Ratzinger: Ein neues Lied für den Herrn. Christusglaube und Liturgie in der Gegenwart, Freiburg i. Br. 1995.

Joseph Kardinal Ratzinger: Vom Wiederauffinden der Mitte. Grundorientierungen, Freiburg i. Br. 1997.

Jan Rohls: Protestantische Theologie der Neuzeit. 2 Bände, Tübingen 1997.